〈문화정치〉 연구총서 ❷

환대:
평화의 조건,
공생의 길

최진우 엮음

박영사

—

한양대학교 평화연구소(Hanyang Peace Institute)는 '소극적 평화'를 넘어서 '적극적 평화'에 대한 통합적이고 유기적인 연구를 통해 우리 사회에 보다 실질적이고 적실성 있는 대안을 제시하고자 설립되었다. 2010년부터 한국연구재단에서 발주한 '한국사회과학연구지원사업(SSK, Social Science Korea)' 1 · 2 · 3단계 연구사업을 진행하고 있으며, 전문학술지『문화와 정치』를 발간하고 있다.

21세기는 이주와 다양성의 시대이다. 다양한 면면을 지닌 이방인과의 조우가 늘면서 문화다양성에 기반을 둔 창의와 혁신의 가능성이 기대되지만, 문화적 요인에 기반을 둔 새로운 갈등 구조와 정체성의 정치에 대한 우려 또한 커지고 있다. 실제로 타자에 대한 적대, 혐오, 배척, 폭력의 사례가 늘어나고 있는 것이 현실이다. 이러한 모습은 불필요한 사회적 갈등과 유무형의 비용을 발생시킬 뿐 아니라 낯선 존재와의 접촉과 교류를 통한 새로운 집단적 삶의 양식과 문화정체성의 발달 기회를 제약한다는 점에서 더욱 우려스럽다. 이에 필진은 타자와 관계를 맺는 새로운 방식으로서 기존의 패러다임인 동화, 관용, 인정 등과는 차별화된 '환대(hospitality)'의 사회적 가치에 주목했다. 이 책은 인문학 영역을 중심으로 논의되어온 환대 담론을 사회과학 영역으로 확장시키려는 시도로서, 환대의 아이디어를 평화 구상과 실천으로 숙성시키기 위한 다양한 논의들을 담고 있다. 책의 전반적인 구성과 내용을 간략히 소개하면 다음과 같다.

책은 총 4부로 구성되어 있다. 1부는 대안적 평화사유로서 '환대평화'를 제안하면서(1장) '환대'와 '공생(conviviality)'에 관한 이론적, 철학적 논의(2-3장)를 담고 있다. 1장에서는 환대 개념을 다른 유관한 주제어들과의 논리적 연관 속에서 입체적으로 설명하면서 환대평화의 사유를 소개한다. 이어서 환대평화가 지닌 차별화된 특성을 비교의 관점에서 설명하고, 마지막으로 환대평화 사유의 실천론으로 '공생육모(convivial hexagon)'의 틀을 제시한다. 공생육모는 환대평화를 위한 여섯 가지 차원들이 -

법치, 정치참여, 리더십, 사회정의, 정치문화, 시민교육 - 맺고 있는 복합적인 구성을 일컫는다.

2장에서는 환대가 윤리의 차원뿐만 아니라 평화로운 삶, 경제적 발전, 문화의 풍요로움과 같은 현실적이고 합리적인 이유에서도 실천의 필요성을 찾을 수 있다고 설명한다. 이를 바탕으로 타자와의 관계 맺기에 있어 배제, 차별, 동화, 관용, 인정의 방식을 비판적으로 검토하고 환대의 실천으로 나아가야 한다고 제안한다. 특히 환대의 실현을 위해서 환대의 실천이 개인적 차원과 더불어 공공 영역 안에서 제도와 정책으로 구체화되어야 한다고 주장한다. 이것은 환대의 실천과 실현이 정치의 영역에서 시도되고 이루어져야 함을 뜻한다.

이어진 3장은 정치철학의 관점에서 환대와 공생의 두 개념이 맺고 있는 관계에 주목한다. 필자는 환대가 주객(主客) 관계의 역전 가능성을 전제한다는 점을 강조하면서, 서로 낯선 이들이 환대의 실천을 바탕으로 일상적으로 공존하는 상태가 - 일상에서 접하는 차이와 다름에 열린 상태를 지향하는 것 - '공생'이라고 설명한다.

2-3부는 1장에서 제시한 공생육모를 분석틀로 활용하여 이주노동자(4장), 난민(5장), 탈북민(6장), 남북관계(7장)에 적용한 내용을 담고 있다. 4장에서는 우리가 이주노동자의 '얼굴'을 있는 그대로 마주한 적이 있는지를 물으면서 어떤 요소가 한국사회와 이주노동자의 공생에 걸림돌로 작용하고 있는지, 그리고 어떻게 하면 그러한 장애요인을 공생을 위한 디딤돌로 바꾸어 놓을 수 있는지에 대한 고민을 담고 있다.

5장은 어느 정도 선진화된 난민 제도에도 불구하고 심리적 거리감이 큰 한국사회의 단면을 살펴보면서, 난민을 '동시대에 같은 공간에서 함께 살아가는 사람'으로 대할 수 있는지에 관한 질문을 제기한다. 난민에 대한 환대는 '난민문제'가 구조적으로 발생하는 문제임을 인식하고, 문화예술이나 시민교육과 같은 접근법을 통해 인식을 변화시켜 나가는 것이라고 설명한다.

3부는 분단구조와 관련된 이방인과 타자의 문제를 담고 있다. 6장에서는 우선 한반도의 분단이 지속되는 상황 속에서 남한사회에서 이방인으로서 타자의 위치에 있으면서도 남한주민들과 동등한 국민으로 살아가고 있는 탈북민의 특수한 존재 양태에 주목하고, 남한사회에서 이들과의 공생문화를 형성할 수 있는 정치적, 사회적 조건들을 공생육모의 틀을 활용해 구체적으로 짚어보고 있다.

이어서 7장은 '탈(脫)분단'이 남북갈등의 극복과 더불어 남남갈등의 지혜로운 관리와 해소를 요구한다는 점에 주목하고 남북공생의 새로운 길을 모색하는 내용을 담고 있다. 특히 필자는 공생육모의 복합구성적 접근이 분단 질서를 넘어서 한반도 평화와 남북공생을 준비하는 데 유용하게 활용될 수 있다고 설명한다.

4부는 이주민 환대지수(Hospitality Index, HI)를 소개하고(8장), 측정 결과를 양적 방법으로 분석한 내용(9장)을 담고 있다. 먼저 8장은 환대담론을 전문가 집단 내에서 뿐만 아니라 시민들과 보다 용이하게 소통하기 위한 방안으로 이주민 환대지수의 지표체계를 구성하고, 2008년부터 2018년까지 23개 OECD 회원국들의 이주민 환대수준을 측정한 내용을 담고 있다.

마지막으로 9장은 이주민 환대지수 개발로 인해 양적 연구방법을 사용한 환대 연구가 얼마나 활성화될 수 있는지를 보여준다. 특히 이주민 환대지수를 회귀분석 모델의 종속변수와 독립변수로 사용하는 방안을 소개하고 있기에 양적 연구방법과 통계학에 대한 배경 지식을 지닌 분들이 참고하면 더욱 유용하다.

목차

제1부 환대와 평화

제2부 이주와 환대: 이주노동자와 난민

제3부 (탈)분단과 공생: 탈북민과 남북관계

제4부 환대지수(Hospitality Index, HI)

제1부

환대와 평화

제1장

환대평화, 공생의 여섯 가지 디딤돌

공동 집필

I 다양성 시대의 이방인 문제

다원화된 사회의 맥락에서 '민주주의(democracy)'와 '다양성(diversity)'
의 관계를 어떻게 바라봐야 할까. 이 물음에 대한 답은 민주주의와 다양
성 개념에 대한 이해 방식에 따라 달라질 수 있다. 그렇지만 한 가지 확
실한 점은 어느 정치학자의 표현처럼 민주주의가 '우리 동네의 유일한
게임'(Przeworski 1991, 26)이 되었다고 해서 다양성이 저절로 보장되는
것은 아니라는 것이다. 오히려 민주주의는 특정한 공동체 속에서 사회적
소수의 권익이 공적 의사결정 과정에 제대로 반영되지 못하는 현실적
한계를 보일 수 있다.

실제로 오늘날 여러 민주주의 국가에서 인종, 민족, 젠더, 성적 지향,

종교, 정치이념 등의 다양한 사회문화적 표식에 기반한 차별과 적대, 그리고 폭력은 결코 낯선 풍경이 아니다(Benhabib 2006, 44 f.). 최근 미국과 유럽에서의 반이민 정서의 확산과 극우 정치세력의 부상, 그리고 영국 브렉시트 사태에서 알 수 있듯이 정치적 현실로서의 민주주의는 많은 문제를 드러내고 있다. 특히 민주주의의 현실에는 문화적 요인을 매개로 한 갈등이 항상 잠복해 있고 이것이 때로는 폭력적인 방식으로 분출되고 있다. 그렇기에 민주주의는 문화적 맥락에서 끊임없는 평화 구상과 실천을 통해서만 다양성과 손잡을 수 있다.

하지만 문화가 매개된 갈등에 손쉬운 해법을 찾기를 기대할 수는 없다. 이 점을 보다 잘 이해하기 위해서 잠시 '문화적 폭력'에 관한 요한 갈퉁(Johan Galtung)의 설명을 살펴보자(Galtung 1990, 292-294). 갈퉁은 폭력을 '직접적 폭력', '구조적 폭력', '문화적 폭력'의 세 유형으로 구분한다. 이 가운데 문화적 폭력은 앞선 두 유형의 폭력을 정당화하고 사회 내에 수용가능하게 만드는 믿음 체계 내지는 인식 구조와 연관되어 있다. 다시 말해 문화적 폭력은 강한 지속성 때문에 좀처럼 바뀌지 않는다.[1] 이런 점에 비춰보면 문화 매개 갈등은 대체로 오래 지속되는 난제이며 계속해서 방치될 경우에는 심각한 폭력 사태로 비화될 수 있다.

따라서 다원화된 사회의 현실과 그 안에서 이루어지는 여러 집단적 삶의 방식들을 섬세하게 이해하려는 태도가 중요하다. 무엇보다도 문화를 매개로 한 사회적, 정치적 갈등의 복합적인 요인들을 잘 살펴보아야 한다. 갈퉁식으로 표현하자면 직접적 폭력(이를테면 폭행 사건) 및 구조적 폭력(예컨대 소득 격차)과 더불어 그 저변에 깔려 있는 문화적 폭력의 요인을 함께 살필 수 있어야 한다. 그리고 폭력의 여러 차원들이 맺고 있

---

[1] 문화적 폭력에 관한 논의에서 한 가지 주의할 점이 있다. 즉, 문화 정형화의 오류에 빠지지 않으려면 '문화' 자체를 폭력적이라고 보는 관점을 경계해야 한다. 갈등과 폭력의 요인으로 문화를 비판할 때에는 언어나 종교, 혹은 이데올로기처럼 문화의 특정한 측면을 구체적으로 지적해야 한다(Galtung 1990, 291).

는 복합적 관계를 파악해야 한다.

이상의 논의는 그 심층에서 '이방인 문제'와 밀접하게 맞닿아 있다. 여기서 이방인의 실존이 갖는 긴장성에 대한 게오르그 짐멜(Georg Simmel)의 설명은 이방인 문제가 무엇인지를 이해하는 데 큰 도움을 준다. 그에 따르면,

> 이방인 문제와 관련하여 특별한 긴장이 나타날 수 있다. 이것은 이방인과 우리가 단지 아주 일반적인 수준에서만 같은 점을 공유한다고 의식하기 때문에 오히려 공통적이지 않은 특성이 부각되면서 발생하는 긴장이다. 이방인인 사람에게 부각되는 이 비공통적 요소는 개인적인 특성이 아니다. 그것은 그 사람의 **출신에서 비롯된 낯섦(strangeness of origin)**을 의미한다. 이는 수많은 이방인들에게 일반적으로 적용된다. 이방인들은 진정한 개인들로 인식되는 것이 아니라 **특정한 유형의 낯선 존재들로 인식**되는 것이다. … 결국 이방인은 특정 집단에 어색하게 덧붙어 있는 것처럼 살아가면서도 동시에 그 집단의 엄연한 구성원으로서 존재한다 (Simmel 1971, 148-149 필진 의역).

위의 인용에서 보듯이 낯선 존재인 이방인은 특정 공동체 안에서 개개인이 있는 그대로의 모습이 아닌, 특정한 유형의 존재로 인식된다. 한마디로 이들의 존재는 범주화되고 대상화된다. 이것은 이방인에 대한 사회적 표식 혹은 낙인이 되기도 하고 행정적 관리의 근거로 활용되기도 한다. 이처럼 이방인은 공동체의 경계 안에 거처하면서도 쉽게 환영받지 못하며 경계인 내지는 아웃사이더로 남겨지게 된다. 즉, 같은 사회의 구성원임에도 불구하고 '우리'와 분리된 상태로 공존하는 상황이 발생하게 된다. 필진은 이처럼 이방인 문제에서 나타나는 표층과 심층의 간극에 주목하고 이방인 문제를 둘러싼 갈등, 이방인에게 가해지는 유무형의 폭력 현상, 그리고 이방인 스스로의 전략적 대응과 능동성에 관심을 두면

서 대안적 평화의 길을 모색하고자 한다.

II 환대와 공생

1. 공생과 어울림

21세기에 들어서 상이한 사회적, 문화적, 역사적 배경을 가진 사람들 사이의 교류와 이주가 빈번해지면서 다양한 얼굴의 타자, 즉 이방인들과의 조우가 더욱 증대하고 있다.[2] 그렇기에 이방인 문제를 둘러싼 사회적 갈등과 정치적 균열 및 다양한 형태의 (잠재적) 폭력에 대응할 수 있는 평화 역량을 갖추는 일은 절박한 과제가 되고 있다. 세일라 벤하비브 (Seyla Benhabib)가 『타자의 권리』에서 말했듯이 "우리는 우리 자신의 존재 방식에 의해 깊이 위협받을 수 있는 타자의 타자성과 같이 사는 법을 배워야 한다"(Benhabib 2008, 227).

필진은 이러한 문제의식에서 '공생사회(convivial society)'를 평화사회의 지향점으로 설정하고, 타자와 공생하는 삶을 실천하기 위한 아이디어로 '환대(hospitality)'의 가치에 주목한다. 공생사회의 모습을 이해하는 데 있어서는 우선 폴 길로이(Paul Gilroy)의 "공생(conviviality)"에 관한 논의가 큰 도움을 준다. 길로이는 인종, 언어, 종교 등 사회문화적 특수성을 지닌 상이한 사회 집단들이 뒤섞여 살아가고 있는 메트로폴리탄 상황을 전제로 공생 개념을 제시한 바 있다(Gilroy 2006, 39).

길로이에 따르면, 공생은 상이한 사회문화적 집단들이 인위적으로 단

---

2) 이때 이방인은 경계 밖으로부터 온 이방인과 사회 내적으로 만들어진 이방인의 두 유형을 포괄한다(김현경 2016, 229). 이를테면 국내 체류 외국인과 탈북민이 전자에 속한다면 장애인, 성소수자, 양심적 병역거부자, 노숙자, 철거민, 감염인 등이 후자가 될 수 있다.

절되거나 소통 불가한 상황에 처하지 않고 자연스레 어울려 살아갈 수 있는 삶의 방식을 말한다. 여기서 핵심적인 것은 사회 집단들이 저마다의 고유한 가치와 문화 내지 관습을 유지하면서도 '어울림(overlapping)'의 영역을 창출, 확장할 수 있는 현실적 가능성이다(Gilroy 2006, 40). 즉, 공생개념은 서로 다른 존재들이 일상적으로 접촉하고 어울리는 지속적 삶의 맥락과 환경을 강조한다.

여기서 한 가지 강조하고 싶은 점은 공생사회의 실현이 곧 갈등의 부재를 의미하는 것이 아니라는 것이다. 길로이도 말했듯이 공생의 원리가 잘 발현된 사회에서는 서로 간의 접촉 가능성이 커지고 대면소통이 쉽게 이루어지면서 사회문화적 차이와 갈등이 그리 대수롭지 않은 일상의 풍경이 된다(Gilroy 2006, 40). 이러한 일상에 익숙해진 시민들은 문화적 갈등을 정치화하거나 안보화하려는 세력의 선동 전략에 손쉽게 휘둘리지 않는다. 공생은 서로 다른 존재들이 피할 수 없는 갈등 속에서도 일상적 접촉과 대면을 통해 꾸준히 차이에 익숙해지고 이런 차이들을 다양성과 창의의 동력으로 숙성시켜 나가는 과정이다.

2. 환대와 경계

환대는 공생사회를 뒷받침하는 윤리적 가치로서, 타자의 맞이함을 위한 실천 방향을 제시한다. 여기서 환대의 가치는 주인이 손님을 예를 갖추어 맞이하고 응대한다는 일상적인 의미에 국한되지 않는다. 그러한 통상적인 용어로서의 환대는 의도와 무관하게 주인과 손님의 분리성을 전제하게 된다. 문제는 이러한 이분법적 시각이 사회적 수준에서 표출될 경우 자칫 우-열, 상-하, 정상-비정상, 보편-특수에 기반해 타자에 대한 배타적 위계성을 수반할 수 있다는 점이다.

그런 점에서 이 글이 제안하는 환대 개념은 주인과 손님의 경계가 고착된 것이 아니라 유동적이라는 현실적 관점에 근거한다. 여기서 환대를 철학적으로 논의한 자크 데리다(Jacques Derrida)의 논의를 주목할 필요가 있다. 그에 따르면 인간은 서로가 서로에게 이방인이다(Derrida 2000, 3). 우리는 항상 주인일 수 없고, 언제든 낯선 곳에 처하거나 익숙한 자리 밖으로 밀려난 사람들이 될 수 있다. 역동적 현실 속에서 주인과 손님의 경계는 가변적이다. 이러한 시각에서 환대에 관한 새로운 사유는 기존 경계에 대한 관념을 흔들거나, 확장시키거나, 전복하거나 갱신하는 모든 과정을 반영한다. 다시 말해 환대는 우리의 존재를 구분 짓는 익숙한 질서와 체계를 의문의 대상으로 끊임없이 소환하는 작업을 수반한다.

궁극적으로 환대는 이질적인 문화와 정체성을 가진 존재들 간에 역동적 어울림과 생동하는(convivial) 삶을 가능하게 한다. 환대의 사유는 어쩔 수 없는 경계짓기 속에서도 다른 존재들을 맞이하기 위한 탈경계적인 태도와 행동을 동시적으로 요청한다. 그렇기에 환대의 실천은 일상적 어울림의 기반을 저해하는 현실적 조건들을 단순히 회피하지 않고 직면하고자 한다. 다시 말해 환대의 사유와 실천은 이방인에 대한 법적, 심리적, 문화적 경계들의 현실을 직시하면서도, 그 기저에 놓인 위계적이고 폐쇄적 고정관념을 비판적으로 바라보는 것에서 출발한다.

3. 얼굴, 대면, 매개

환대의 잠재적 가능성이 얼마나 일상적인 수준에서까지 실천되고 있는지가 공생사회 실현의 관건이다. 나 혹은 우리에게 도움을 호소하거나 요청하는 낯선 이들에게 얼마나 나 혹은 우리의 자리를 내어줄 수 있는가? 이 물음과 관련하여 에마뉘엘 레비나스(Emmanuel Levinas)는 낯선 타자들과의 진정한 윤리적 관계는 매개를 통해 주어진 것이 아니라 민낯의 '얼굴(face)'을 마주하는 무매개적인 관계임을 강조한 바 있다(Levinas 1969, 52, 197-199; 문성원 2018).

여기서 '얼굴'은 철학적 개념으로서 좀처럼 자아의 경계 내로 포섭되기 어려운 타자의 직접적인 호소와 호소력을 상징하는 표현이다. 이러한 타자의 얼굴은 끝내 외면할 수 없고 결국 맞아들이게 되는 실존의 모습으로 우리에게 수시로 다가온다(이상원 2018, 49).

그렇지만 현실적으로 그 많은 '얼굴들'에 동시에 응답할 수 없을뿐더러 특정 이방인의 '얼굴'에 한정된 관계라고 하더라도 모두가 이들과 대면(face-to-face)과 대화의 기회를 가질 수는 없다. 현실 속에서 많은 사람들은 타자의 얼굴을 마주하고 직접 이해하기보다는 다양한 미디어를 통한 매개화의 과정을 통해 이방인을 접하게 된다(Derrida 2000, 131 f.; Silverstone 2002). 이때 매개된 타자(mediated other)의 모습은 특정한 범주와 기준에 의해 재단되기 마련이다.

따라서 환대의 실천과정에서 중요한 것은 굴절되거나 왜곡된 매개를 통한 관계를 지양하고 대면소통을 통한 상호 맞아들임에 근접한 관계를 만들어가려는 의지이다. 타자와의 대면을 통한 관계맺음이 환대 실천의 출발점이 되며,3) 이러한 관계가 지속될 때 인간 존재의 주체성과 능동성을 되살리는 계기가 된다. 이때 '나' 혹은 '우리'의 것이라고 간주되어 온 자아의 거처, 즉 인간의 '자리'가 갖는 실존적 의미와 한계성을 비판적으로 성찰할 수 있는 역량이 중요해진다.

4. 비판적 거리와 자기 환대

환대의 지향은 단순히 자신의 자리를 양보해서 타인에게 내어주는 희생정신을 뜻하는 것이 아니다. 대면소통을 통한 어울림 속에서 환대의 주체는 더욱 확장된 포용력을 지닌 자아로 거듭난다. 환대 속에서 자아는 또 다른 정체성을 형성해나가며 자신만의 새로운 자리를 마련해나갈

---

3) 이러한 대면이 가능하려면 우선 타자 스스로 자신의 절박한 호소를 표출하고 소통하려는 의지와 행동이 있어야 한다. 그런 점에서 타자의 행위주체성 역시 환대 실천의 핵심 요소라 말할 수 있다.

수 있다(최진우 2017, 17). 자아의 변용은 환대의 핵심적 기능이자 효과로서, 무엇보다도 정체성을 기존 자아의 관점에서 벗어나 비판적으로 바라볼 수 있어야 가능하다. 『도덕 감정론』에서 애덤 스미스(Adam Smith)가 보여준 통찰은 이 점을 이해하는 데 도움을 준다.

> 우리는 자신의 감정과 동기를 제대로 파악할 수 없다. 또한 우리는 그러한 감정과 동기에 대해서 어떠한 판단도 내릴 수 없다. 만일 우리가 일견 자연스러워 보이고 익숙한 현 상황으로부터 우리 스스로를 떼어 놓고서 자신의 감정과 동기를 **자신으로부터 일정한 거리를 두고**(at a distance from us) 바라보려 노력하지 않는다면 말이다. 그런데 이렇게 하려면 우리의 감정과 동기를 **타인의 눈으로**(with the eyes of other people) 바라보려 애쓰거나 타인이라면 으레 그렇게 했을 것과 같은 방식으로 자신의 감정과 동기를 살펴보려고 노력하는 것 외에 달리 방도가 없다(Sen 2005, 161 재인용).

환대는 자아의 경계 바깥에 놓인 타자를 맞이하고 다가가는 마음과 실천이다. 이때 자아의 정체성은 결코 단일한 방식으로 고착되어 있지 않다. 타자의 '얼굴'에 눈과 귀를 완전히 닫고 있지도 않다. 정반대로 다른 정체성을 지닌 타자의 존재가 자아의 영역 안으로 스며들 수 있는 투과성을 특징으로 한다. 이것은 타자에 닿기 위한 노력을 가능케 한다. 특히 이러한 실천은 자아로 하여금 타자와의 대면을 통해 자신의 한계와 새로운 가능성을 깨닫게 해준다. 스미스가 말했듯이 자아는 타자의 관점에서 스스로에 대한 비판적 거리를 확보함으로써 자아의 영역을 반추하고 새로운 자아의 가능성에 열린 태도를 가질 수 있다. 이처럼 타자를 향한 환대는 '자기 환대'라는 긍정적 부메랑 효과를 지닐 수 있다.

5. 법과 존재

이처럼 환대는 우리에게 익숙한 테두리 바깥으로부터 끊임없이 새로움과 낯섦을 받아들여야 하는 인간 존재의 필연적 개방성에 근거한다. 그러나 이러한 열린 존재성에 대한 강조는 우리가 무조건적으로 환대를 추구해야 한다는 어떤 윤리적 이상을 강변하기 위한 것은 아니다. 현실에서 환대는 특정한 언어와 법을 통해 실현되는 과정에서 조건화될 수밖에 없다. 그렇기에 '무조건적(unconditional) 환대'와 '조건적(conditional) 환대'를 이분법적으로 구분 짓거나 그 불가능성과 모순성만을 강조하는 것은 현실적으로 유용한 접근법이 아니다. 이에 우리는 현실의 상황을 고려하여, '잠재적(potential) 환대 실현'과 '실제적(actual) 환대 실현'의 유연한 대비를 통해 환대의 실천적 가능성과 한계를 이해하고자 한다.

현실적 관점에서 환대를 통해 평화의 길을 사유할 때 가장 핵심이 되는 것은 법과 존재의 필연적인 긴장 관계를 잘 이해하는 것이다. 이때 법은 구체적 법률, 정책, 규칙 내지는 언어적 규정 등을 포괄한다. 보다 근원적으로는 고대철학적 개념인 로고스(logos)에 토대를 두고 있다 (Derrida 2000, 5, 31 f.). 고전적 의미에서의 '법(nomos)'의 핵심은, 그것이 로고스 내지는 언어 사용방식에 기반해 실존을 규정짓고 규율하는 '틀 (frame)'이라는 점이다. 이처럼 자아의 존재방식을 규정짓는 틀로서의 법은 아무리 기존 경계를 허물어 확장시킨다고 하더라도 경계 자체를 사라지게 하지는 않는다. 다시 말해 경계 바깥의 타자가 상존하는 것이다. 이것은 '법'의 '틀'이 만든 경계의 바깥에서 타자가 끊임없이 스스로를 드러내고 표현하려는 역동 역시 지속될 수밖에 없음을 의미하는 것이기도 하다.

구체적인 법을 살펴보면 법과 존재의 이같은 긴장 관계를 보다 구체적으로 이해할 수 있다. 예컨대 1951년 난민협약은 그 자체가 환대의 법제화 사례라고도 볼 수 있으나 협약에 제시된 다섯 가지의 난민인정 사유에 해당하지 않는 존재들을 직접적으로 포괄하지는 못한다. 이처럼 아무리 이방인을 위한 포용적이고 인도주의적인 법제가 마련되었다고 하더라도, 그것은 여전히 '법'의 '틀'로서 기능한다. 다시 말해 변화된 법적 규범과 정책적 범주는 비록 보편적 가능성을 의도했다고 하더라도 특정한 논리적 체계를 형성하게 되고, 결국 그 체계 안으로 포괄되거나 규정되기 어려운 수많은 존재들을 여전히 그 문밖에 세워두게 된다. 이처럼 환대의 관점에서 이방인 문제는 우리가 세상에 서로 다르게 존재하는 한 결코 피할 수 없는 질문이며 끝나지 않는 현실의 이야기인 것이다. 또한 그렇기에 환대는 '영구 환대(perpetual hospitality)'일 수밖에 없다.

Ⅲ 환대평화

1. 환대와 두려움

앞서 설명했듯이 환대는 이방인 문제와 관련해 잠복해 있거나 이미 표출된 갈등과 폭력이라는 평화파괴의 현실에 대한 하나의 응답으로 제시된 아이디어이다. 물론 혹자는 여전히 환대 개념에 대해서 그것이 갖는 이상적, 낭만적 인상 내지는 과도한 윤리성을 빌미로 현실과는 유리된 개념이라며 비판할 수도 있다. 그렇지만 그러한 비판에 앞서 환대 결핍으로 인해 발생할 수 있는 유무형의 비용 그리고 폭력의 현실적 가능성을 살펴야 한다.

이를테면 특정 이방인들에 대한 환대 결핍이 이들에 대한 공포를 넘어 (혹은 그러한 공포에 기인한) 적대적 타자화로 표출될 경우에 발생할 사회 전반의 논란과 갈등 확산 및 공동체의 안보 위기를 떠올려 볼 수 있다. 예를 들어 한반도 분단체제의 '적대적 공존' 상태 하에서 남북갈등과 남남갈등이 초래한 유무형의 비용이 얼마나 컸는지를 생각해보라. 환대 논의는 고담준론(高談峻論)이 아니라 지극히 실존적인 고민의 표출이다.

환대는 '인간안보(human security)'의 시각에서 보더라도 반드시 필요한 사회적 가치이다. 예컨대 유엔개발계획의 인간개발보고서(1994)에 따르면 캐나다에서 원주민이 살해될 가능성은 다른 캐나다인들과 비교할 때 무려 6배나 높았다. 그리고 원주민의 자살률은 10만 명당 40명으로 캐나다 전체 자살률의 세 배에 이른 것으로 나타났다(UNDP 1994, 32). 분명 원인은 보다 복합적이겠지만 이러한 결과는 환대의 가치가 인간의 생명과 존엄을 위해 얼마나 절실한가를 일깨워 준다.

결국 환대는 그것의 결핍이 초래할 결과에 대한 '두려움(fear)'과 밀접하게 맞닿아 있다. 여기서 두려움은 환대 결핍이 자신 혹은 자신이 소속된 공동체에 불이익이나 위협이 될 것이라는 공포만을 뜻하지 않는다. 우리는 환대 결핍이 타자에게 가하는 피해와 상처에 대해서도 민감하게 반응하며 그러한 폭력 발생을 두려워하는 존재이기도 하다.[4] 자아와 타자를 불문하고 모두가 고통을 느끼는 존재라는 자각이 이러한 두려움의 원천이 된다.

이처럼 환대의 윤리가 작동하지 않는 사회에서 발생할 불이익이나 고통, 혹은 폭력에 대한 두려움의 감정은 평화를 위한 중요한 원동력이 될 수 있다. 설령 그것이 자신에게 미칠 불이익 때문에 마지못해 취하는 환대의 손짓이더라도 말이다. 따라서 언뜻 환대 실천의 큰 걸림돌로 여겨지는 두려움이 실은 환대의 중요한 감정 요소가 될 수 있음을 잘 헤아려야 한다. 특히 그러한 감정 요소로서의 두려움이 사회의 전반적인 구조나 문화에 대한 성찰로까지 숙성될 수 있다면 현실의 비평화 구조를 해

---

4) 참고로 이를 기독교에 적용해 보면 다음과 같이 설명할 수도 있다. 즉, 예수가 사람의 형상을 하고 나타날 수 있기에 이방인에 대한 박대가 곧 예수에 대한 박대가 될 수 있다는 '두려움'이 이방인에 대한 환대를 독려한다고 볼 수 있다.

체하고 진정한 평화를 만들어가는 집단행동이 창출될 수도 있다.

2. 환대평화의 시선: '도덕주의', '기능적 사회통합론', '세계시민주의'와의 비교

환대평화의 접근은 세 가지 접근과의 비교를 통해 그 성격을 보다 분명하게 이해할 수 있다. 결론적으로 말해 기존의 패러다임이나 접근 방식만으로는 충분히 규명되지 못했거나 중요하다고 인식되지 않았던 평화의 가능성을 발굴하고 새로운 시각을 제시하고자 한다.

첫째, 환대평화는 도덕주의 담론이 아니다. 환대평화에 관한 논의는 인간이 가지고 있는 욕구와 욕망, 이기성을 억누르면서 이타성을 지향하는 도덕적 원칙에 관한 논의와 궤를 달리한다. 오히려 그러한 현실적 이기성의 발현을 타자를 포용하는 공생 질서로 연계시키는 방안에 대한 구상과 전략이 환대평화의 핵심이다.

이처럼 환대평화의 시선은 이기성의 건강한 발현에 주목한다. 이를 위해서는 자아의 '이익'과 타자를 위한 '가치'가 반드시 대립하지 않으며, 오히려 타자에 대한 환대 속에서 자아의 욕망 역시 실현될 수 있는 역동적 관계성을 이해할 필요가 있다. 따라서 이기적 자아의 존재성과 그 필연적 한계에서 출발하는 환대평화론은 도덕적 이타주의보다는 정치적 현실주의의 입장에 보다 가깝다.

둘째, 환대평화의 아이디어는 기능적 사회통합론과도 다르다. 경제발전, 효과적 자원 배분, 사회 안정과 같은 정책 목표를 위해서 취약 계층이나 사회적 소수를 학교나 노동시장 등 주류 제도로 통합시키려는 접근은 중요하다. 그렇기에 이방인 문제를 사회 구성 요소들 간의 상호작용이라는 체계적 관점에 서서 보는 관점이 필요할 수 있다. 그렇지만 그러한 기능적 사회통합론만으로는 한계에 봉착할 수 있다. 행정적 접근은 그것이 형해화된 기능주의나 도구주의로 전락하지 않으려면 윤리적 기반과 문화적 접근에 의해 뒷받침되어야 한다. 이것은 이 글이 환대를 사회적 가치로 제안하는 중요한 이유들 가운데 하나이기도 하다.

환대평화의 시선은 앞서 설명한 것처럼 '법'과 '존재'의 긴장 관계에 주목한다. 기능적 사회통합론에서는 사회정책을 위시한 법제 개혁이 중요하다. 그렇지만 그러한 '법'의 차원이 갖게 되는 '틀'로서의 성격과 한계를 인지하면서 인간 존재의 문제를 끊임없이 정책 담론 영역에 인입시키는 것이 중요하다. 다양한 얼굴의 타자들과 마주하는 현실에 내재한 긴장과 갈등을 사회통합을 위한 특정 법률이나 정책만으로 온전히 감당하기는 어렵기 때문이다. 이런 점에서 환대는 사회통합 정책을 내실화하는 데 기여할 수 있는 대안적 사회적 가치로 볼 수 있다. 특히 환대평화의 아이디어는 기본적으로 체계적 동질성을 추구하는 기존의 사회통합 패러다임과는 달리 '다양성 기반 통합'을 위한 대안적 방안들을 모색하는 데 활용될 여지가 크다.

특히 환대평화의 관점은 정부의 사회정책에도 유용하게 활용될 수 있을 것이다. 예컨대 정부의 '혁신적 포용국가' 전략은 '사람중심 사회'로의 패러다임 전환을 기치로 내걸고 있지만 경제적 문제에 초점을 두는 경향이 있어 사회에 만연한 개인, 집단 간 갈등의 문화적 차원에 대한 고려가 상대적으로 부족한 것으로 판단된다. 그런 점에서 문화적 요인을 매개로 한 정치적 갈등에 주목하고 평화적 해법을 찾고자 하는 환대평화론은 혁신적 포용국가 전략을 보완할 수 있는 아이디어를 제공해 줄 수 있을 것이다.

셋째, 환대평화의 관점은 세계시민주의(cosmopolitanism)와도 비교된다. 우선 두 가지 방향 모두 탈경계적 태도를 바탕으로, 민족이나 국민이라는 집합적 정체성에 기반한 근대적 패러다임에 대한 비판적 문제의식을 공유한다. 그러나 세계시민주의는 불평등, 기후변화, 테러리즘 등 전지구적 도전 과제들을 제시하며 보편적인 차원의 '글로벌 시민권'을 강조한다. 이것은 과거 스토아학파가 보여주었던 인류애에 기반한 통합적 공동체에 대한 책무를 우선시했던 모습을 연상시킨다(Nussbaum 1996, 7).[5]

이와 달리 환대평화의 시각은 일상적 생활 공동체의 현실적 분열에 보다 더 주목한다. 환대평화론은 개별자들의 차이에서 비롯된 긴장, 불협화음, 갈등, 경쟁, 폭력이 벌어지는 삶의 현장을 직시한다. 그리고 누구를 공동체의 성원으로 포용할 것인지, 또한 그러한 선택의 결과로 누구를 배제하게 될 것인지 끊임없이 이어지는 결단들에 관해 비판적 물음을 던지고자 한다.

요컨대 환대평화론이 인간 존재의 차이와 분열을 분석의 출발점으로 하여 특정 경계를 지닌 공동체 내외부를 둘러싼 끊임없는 민주적 자기갱신을 이야기한다면, 세계시민주의는 보편적 인류애와 전지구적 관점('세계정부'의 아이디어도 이에 해당된다)을 강조한다. 환대평화론은 특정한 경계를 설정한, 즉 외연(이를테면 국경)과 내적 속성(예컨대 민족성)을 갖는 정치공동체의 현실을 무시하지 않는다. 다만 그 현실의 한계에 직면하면서도, 정치적 공존의 일상성이 문화다양성 내지는 포용적 연대와 접합될 수 있는 최선의 열린 가능성을 모색하고자 한다.

Ⅳ 공생육모, 환대평화의 실천

이 장에서는 지금까지의 논의를 바탕으로 환대평화의 아이디어를 대안적 평화실천론으로 제시해보고자 한다. 다시 말해 '환대'와 '공생'이 사

---

5) 일각에서는 세계시민주의가 보편주의에 대한 지향에도 불구하고 그 실천에 있어서 남성, 서구, 엘리트 중심의 정향을 완전히 벗어나지 못한다는 비판을 가하기도 한다. 또한 일상에서의 사회적 실천보다는 지적인 정향과 태도가 강하게 투영된 이론적 시각만 설파한다는 지적도 있다(Berg and Nowicka 2019, 3).

회과학적 개념과 정치적 가치로서 지닌 현실적 효과와 유용성을 보여주고자 한다. 이를 위해 환대평화의 시각을 바탕으로 공생사회의 여섯 가지 필수 조건들을 도출하면 아래 그림과 같다. 우리는 이를 '공생육모(convivial hexagon)'로 명명한다. 공생육모를 도출하는 과정에서는 비판적 평화연구의 대가인 디터 젱하스(Dieter Senghaas)의 문명육모론과 젱하스 논의를 국내학계에 소개한 이동기의 연구가 큰 도움이 되었다(젱하스 2007; Senghaas 2007; 이동기 2013).

젱하스는 '적극적 평화'의 사회적 조건들로서 갈등의 문명화에 기여하는 6가지 요소들을 포괄하는 '문명육모(civilisatory hexagon)'를 제시했다. 연구진은 바로 이러한 문명육모를 환대평화의 문제의식에 맞게 변용하여 공생육모의 복합구성(configuration)을 도출했다. 공생육모 각각의 요소는 다른 요소들과 긴밀한 상호 영향관계를 형성하면서 환대평화의 다차원적이고 역동적인 가능성을 입체적으로 보여준다.

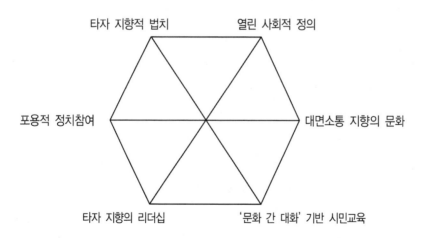

| 그림 1-1 | 공생육모의 복합구성

공생육모의 개념은 쳉하스가 제시한 '인과적 평화주의'의 시각을 반영한다. 인과적 평화주의는 어떤 결과를 제거하려면 먼저 그것의 원인을 제거해야 하고, 동시에 새로운 결과가 나타나기를 원한다면 기존의 원인 대신에 다른 원인들을 새롭게 정착시켜야 한다는 발상이다. 즉, 공생육모는 현실적 차원에서 공생이 잘 발현되게 하는 원인과 저해하는 원인을 함께 살펴봄으로써 문제의 포괄적 진단과 대응을 용이하게 할 수 있다. 이제 공생사회의 여섯 가지 조건들을 하나씩 살펴보자.

1. 타자 지향적 법치

공생사회를 위해서는 민주국가의 헌법 원칙에 기반한 법치의식의 확립이 관건이다. 즉, 개인의 기본권 보호와 법 앞에서의 평등과 같은 헌법 원칙이 관철될 때 비로소 시민들 간의 대화와 토의를 통한 비폭력적인 문제 해결이 가능해진다. 무엇보다도 법치는 다원화된 사회에서 갈등적인 이해관계나 정체성들이 함께 공존, 공생할 수 있는 공통의 규율을 마련해 준다.

그러나 현실에서 법치는 복잡다단한 문제이다. 다원화된 사회에서 공통의 규율을 정하는 일은 결코 간단치 않다. 특히 환대평화의 시각에서 볼 때 법치의 제도적 표현물(이를테면 헌법, 법률, 행정 지침, 지방 조례, 법원 판결 등)은 사회의 다원성을 온전히 포괄할 수 없다.

그렇기에 아무리 포용적인 법치라 하더라도 이방인과 타자의 문제가 어떠한 모습으로든지 잔존한다는 점을 잊어선 안 된다. 앞서 설명했듯이 법과 존재의 간극은 아무리 좁혀지더라도 결코 소거되지 않는다. 그런 점에서 공생사회의 관건은 이러한 간극을 확인하고 줄여 나가는 끊임없는 과정으로서의 타자 지향적 법치를 확립하는 데 있다.

공생사회의 법치는 '정당성(legitimacy)'에 관한 문제 제기를 '합법성(legality)'의 문제로 축소시키지 않는다. 공생은 합법성에 함몰되지 않고 소수의 기본권의 중시와 함께 더 넓은 차원에서 타자를 고려하는 법적 정당성을 지향한다. 정당성 문제를 폭넓게 고려하지 않은 형식적 법치는 오히려 갈등과 충돌을 증폭시킴으로써 그것이 수호하려 했던 사회 질서마저 뒤흔들 수 있다.

2. 포용적 정치참여

개방적인 민주사회에서는 국내외를 막론하고 다양한 개인 및 집단들의 특수한 이익이나 정체성이 역동적으로 발현된다. 이에 민주적 심의제도와 여타 공적 의사 결정과정에서 사회내부로 유입된 이방인 및 소수자들의 참여를 어떻게 보장할 것인가의 문제가 대두된다. 그렇지 않을 경우 일상에서 비롯된 문화적 갈등은 개인과 집단들 간의 심각한 적대상태로 악화되고 급기야 정치적 폭력 사태를 야기할 수도 있다.

정치공동체 전반이 제아무리 사회적 소수에 대해 선의를 가지고 있다 해도 이들이 공적 영역에서 자신의 권익과 관련된 사안에 대한 사고를 표현할 기회를 부여받지 못한다면 아무 소용이 없다. 다양한 소수자의 참여 없는 정치적 결정은 약자에게 다수의 힘을 부과하는 형태에서 벗어나지 못할 것이기 때문이다. 이러한 상황은 기껏해야 온정주의일 뿐이지 민주적 실천이라 보기는 어렵다.

그런 점에서 공생사회는 국외 출신 이방인들 및 국내의 사회적 소수자들의 다양한 이익 내지 정체성의 현실적 존재를 온전하게 포용하고 환대할 필요가 있다. 이때 타자의 이익 및 정체성 추구가 정치체제의 열린 경계 안에서 원활히 수용되고 표현될 수 있도록 하는 포용적 정치참여제도의 수립이 긴요하다. 특히 참여가 형식적 공론장의 형성에 그치는 것이 아니라 타자들 간의 일상적 어울림을 유도하는 제도 디자인이 필요할 것이다.

3. 타자 지향의 리더십

공생사회의 법치 그리고 사회적 제도의 디자인에 있어서 모든 과정을 추동하고 이끄는 리더의 역할은 필수적이다. 즉, 공생사회를 위해서는 이방인 문제와 관련하여 논란의 중심이 되는 이슈들을 문화 다원주의 관점에서 (재)규정하고 공생의 서사로 발전시킬 수 있는 역량을 갖춘 지도자가 존재해야 한다. 공생사회의 리더십은 이방인 문제와 관련해서 발생하는 사회적 갈등과 폭력을 단순히 제어하거나 중재하는 수준을 넘어서, 민주적 포용문화의 새로운 계기로 전환하는 문제의식을 갖추어야 한다.

특히 우리는 오늘날 종족이나 종교와 같은 정체성 요소들을 중심으로 이방인을 위협 요인으로 대상화하면서 대중을 자극하는 극우주의와 선동 정치가 부상하고 있는 점에 주목한다. 이때 지도자의 신념, 선택, 설득은 갈등적인 상황에서 이방인 문제에 관한 정치화나 안보화 경향에 어떻게 대처하느냐를 좌우하기 때문에 매우 중요한 의미를 갖는다.

이런 점에서 2019년 5월 뉴질랜드 총기 테러 사건에 대해서 저신다 아던(Jacinda Ardern) 총리가 보여준 행보는 리더십이 얼마나 중요한 공생의 요소인지를 여실히 보여주었다. 당시 발언 일부를 옮기면 다음과 같다.

이번 총격으로 직접적인 위해를 입게 된 사람들 가운데 다수는 뉴질랜드로 건너 온 이주민들일 것입니다. 이들은 심지어 난민들일 수도 있습니다. [그렇지만] 이들은 뉴질랜드를 자신의 집으로 선택했습니다. 뉴질랜드는 그들의 집입니다. 그들은 우리입니다(The Guardian(2019/05/15)).

한편 공생사회를 위한 요소로서 리더십을 논할 때 기억의 문제가 갖는 중요성도 함께 고려해야 한다. 타자 지향의 리더십은 과거 이방인을 둘러싼 폭력에 대한 시민들의 역사적 반추를 독려하고, 이들이 타자와 함께 하는 공생의 정치문화를 지향할 수 있도록 조력한다.

4. 열린 사회적 정의

오늘날 시장경제를 기반으로 하는 민주사회는 평등보다는 불평등을 재생산하고 확산시키는 경향이 크다. 특히 소득과 기회에 있어서 사회경제적 불평등의 경향을 지속적으로 제어하지 못할 경우 기존 시민들, 이방인과 약자는 민주국가의 법치를 신뢰하지 않게 된다. 또한 서로를 무시하고 혐오하게 되면서 사회전반의 정치적 적대감은 증폭된다.

이를테면 2005년 프랑스 대도시 교외지역에서 소수민족 빈민층 청년들의 불만이 배경이 되어 발생한 폭력 사태는 이 점을 여실히 보여준다 (엄한진 2017, 104-120). 이렇게 볼 때 타자에 열린 사회적 정의를 실현하기 위한 제도적 뒷받침이 공생사회의 필수적 요소로 요청된다.

열린 사회적 정의는 기회와 분배라는 정의의 두 가지 차원을 동시에 내포한다. 공생사회의 구축을 위해서는 이방인들에게도 기회를 부여하고 다양한 사회경제적 자원을 분배해 줄 수 있는 정의에 대한 열린 시각이 요청된다. 그리고 이러한 사회적 정의에 관한 시각은 반드시 타자에 열린 공정한 기회 제공과 분배에 관한 문제를 해결하려는 정부정책으로 이어져야 한다. 실질적 정책화의 노력 없이 진행되는 이방인과 소수자의 권리를 위한 공적 토의는 실질적인 사회 개선의 효과를 갖기 어려울 것이다.

5. 대면소통 지향의 문화

다원화된 민주사회에서 우리는 다양한 유형의 이방인들, 문화적 소수자들과 함께 살아갈 수밖에 없다. 타자와의 접촉이 느는 다양성의 시대에 신문, 방송, 잡지, 소셜 네트워크, 풍문 등 온갖 매체를 통한 개인들

간 자유로운 소통의 문화는 점차 복잡화된 양상을 띤다. 이처럼 다양한 미디어의 매개 과정에서 타자에 대한 편견과 정형화가 발생하고, 이로 인한 오해와 갈등도 증폭된다.

그런 점에서 가능한 한 타자의 존재를 있는 그대로 보려는 대면(對面) 소통의 문화형성이 중요하다. 이때 '얼굴(面)'은 오직 직접적 마주함과 대화 속에서만 드러나는 타자의 현실적 존재성을 생생하게 표현하는 실존적 개념이다. 낯선 사람들과 스스럼없이 대면하고 대화할 수 있는 수용성과 개방성에서 비롯되는 탈경계적인 문화의 발달은 공생사회의 또 다른 핵심 요소이다.

공생사회의 정서적 토대로서 대면소통 지향의 문화는 섣부른 자아중심적 단정이 내포한 타자의 폭력적 대상화를 일상 속에서 자제하게 한다. 따라서 대면소통 지향의 문화가 발달한 사회일수록 이방인 문제와 관련한 과도한 정치화나 안보화에 대한 대처 가능성은 증대될 것이다.

6. '문화 간 대화' 기반 시민교육

공생사회는 사회구성원들이 이방인 문제에 관한 신중한 접근과 이해를 학습하고 실천할 수 있도록 시민교육의 장치들을 충분히 갖추어야 한다. 이때 '문화 간 대화'에 기반한 시민교육은 한 사회 안에서 공존하는 개인들 혹은 집단들이 일상적 어울림 속에 서로 간의 차이를 자연스레 수용하는 타자 중심적 시각을 갖추는 데 초점을 둔다.

이를 위해 시민들은 어릴 적부터 일상적인 교육을 통해 이방인의 자리에서 스스로를 돌아볼 수 있는 관점과 태도를 키울 수 있어야 한다. 문화 간 대화를 추구하는 시민 교육은 문화정체성에 대한 존중이 인간적 존엄성을 유지하기 위한 핵심 요소임을 일깨워준다. 이 속에서 시민들은 인위적 사회통합을 넘어 자연스레 '문화적 차이(cultural difference)'를 받아들이고, '문화다양성(cultural diversity)'을 중요한 민주적 가치로 추구할 수 있는 평화의 역량을 기를 수 있다.

이런 맥락에서 환대의 가치에 기반을 둔 시민교육은 아동과 청소년의 사회화 과정에서 민족의 가치를 지나치게 강조하거나 획일적 문화 정체성을 주입하는 교육을 지양한다. 공생사회의 시민교육은 민족고유문화의 가치와 중요성을 인정하면서도, 결국 우리의 문화도 이방인의 관점에서는 또 다른 이방인, 즉 타자의 문화일 수 있음을 강조한다. 즉, 시민들이 우리자신 혹은 타 집단의 문화를 오직 자아중심의 동질적 기준에서 섣불리 서열화하거나 위계적으로 구분하지 않도록 한다. 이때 비로소 우리의 문화 정체성을 객관적으로 바라보고, 보다 창조적인 문화를 산출하고 향유할 수 있는 일상적 가능성이 증대될 것이다.

참고문헌

김현경. 2015. 『사람, 장소, 환대』. 서울: 문학과지성사.

문성원. 2018. "환대: 타자와 함께 하는 삶의 자세." 한양대 평화연구소 워크숍 발표문 (1월 22일).

벤하비브, 세일라. 2008. 『이상훈 역. 타자의 권리』. 서울: 철학과현실사.

엄한진. 2017. 『프랑스의 이민문제』. 서울: 서강대학교출판부.

이동기. 2013. "디터 젱하스의 평화론: 문명화와 복합구성." *OUGHTOPIA* 제28권 1호, 31-66.

이동기. 2014. "평화사란 무엇인가?." 『역사비평』 106호, 16-36.

이상원. 2017. "데리다의 환대 개념의 정치적 긴장성: 고대정치철학적 해석과 사유를 중심으로." 『한국정치학회보』 제51권 4호, 5-23.

이상원. 2018. "이기성의 끝 그리고 환대: 레비나스의 타자개념과 경제적 존재성 이해." 『철학연구』 제57집, 33-64.

젱하스, 디터. 2007. 이은정 역. 『문명 내의 충돌』. 서울: 문학과지성사.

최진우. 2017. "환대의 윤리와 평화." *OUGHTOPIA* 제32권 1호, 5-27.

한준성·최진우. 2018. "이주민 환대지수(Hospitality Index) 지표체계 개발 연구." 『문화와정치』 제5권 1호, 5-41.

Berg, Mette Louise and Magdalena Nowicka (eds.). 2019. *Studying Diversity, Migration and Urban Multiculture: Convivial Tools for Research and Practice*. London: UCL Press.

Derrida, Jacques. Rachel Bowlby. trans. 2000. *Of Hospitality*. Stanford: Stanford University Press.

Galtung, Johan. 1990. "Cultural Peace." *Journal of Peace Research* 27(3): 291-305.

Galtung, Johan. Ewald Osers. trans. 2007b. *On Perpetual Peace: A Timely Assessment*. NY: Berghahn Books.

Levinas, Emmanuel. Alphonso Lingis. trans. 1969. *Totality and Infinity: An Essay on Exteriority*. Pittsburgh: Duquesne University Press.

Nussbaum, Martha. 1996. "Patriotism and Cosmopolitanism." in Joshua Cohen ed. *For Love of Country: Debating the Limits of Patriotism.* Boston: Beacon Press.

Przeworski, Adam. 1991. *Democracy and the Market: Political and Economic Reforms in Eastern Europe and Latin America.* Cambridge: Cambridge University Press.

Sen, Amartya. 2005. "Human Rights and Capabilities." *Journal of Human Development* 6(2): 151−166.

Senghaas, Dieter. Ewald Osers. trans. 2007. *On Perpetual Peace: A Timely Assessment.* NY: Berghahn Books.

Seyla Benhabib. 2006. *The Rights of Others: Aliens, Residents and Citizens.* Cambridge: Cambridge University Press.

Silverstone, Roger. 2002. "Complicity and Collusion in the Mediation of Everyday Life." *New Literary History* 33: 761−780.

Simmel, Georg. 1971. "The Stranger." in Donald Levine, ed. *George Simmel: On Individuality and Social Forms.* Chicago: The University of Chicago Press.

UNDP. 1994. *Human Development Report 1994.* Oxford: Oxford University Press.

제2장

환대의 윤리와 정치

최진우

Ⅰ 서론: 타자와 우리, 그리고 환대

우리는 타자와의 끊임없는 조우 속에서 살아간다. 다양한 조건 하에서 다양한 범주의 타자를 여러 방식으로 만나게 된다.

타자는 누구인가? 나 자신 외의 모든 사람들이라고 할 수 있다. 우리는 여러 개의 동심원으로 형상화할 수 있는 관계성을 가지고 산다. 나를 중심으로 나에게 아주 가까운 사람, 조금 가까운 사람, 알고 지내는 사람, 잘 모르는 사람, 전혀 모르는 사람, 아무 관계가 없는 사람, 적대적 관계에 있는 사람 등등 다양한 수준의 친소관계를 맺으며 살아가고 있다. 타자 가운데는 나에게 익숙한 사람도 있고 그렇지 않은 사람도 있지만 생면부지의 타자들이 훨씬 더 많다. 하지만 가장 가까운 가족조차도 물리적으로 나와 분리돼 있으며 그 속을 다 알 수는 없다는 점에서 타자인 것은 마찬가지다. 그리고 어쩌면 과거의 나 또한 현재의 나 스스로에게는 타자일 수 있다. 범위를 넓히자면 타자는 비인격적 존재까지 포함하기도 한다. 신과 자연, 그리고 과거와 미래를 포함하는 시간 또한 타자라 할 수 있다. 나 아닌 모든 존재(어쩌면 비존재까지)가 타자다.[1]

그렇지만 이 글에서는 타자의 범위를 사람에 국한한다. 그 중에서도 '우리'와는 정체성을 달리 하는 사람들을 일컫는 것으로 의미를 제한한다. 논지의 지나친 확대를 막기 위해서다.

대체로 일상생활을 영위함에 있어 공통의 의사소통방식, 역사 또는 신화에 대한 기억, 상징에 대한 이해, 규범, 규칙 등을 공유하고 있어 간헐적인 경우를 제외하고는 서로 간에 소통의 문제나 가치관의 충돌로 인한 불편함과 낯섦을 크게 느끼지 않는 사람들을 '우리'라고 한다면,[2] 그 범주 바깥에 있는 사람들을 '타자'라고 부를 수 있을 것이다. 가장 손쉬운 예로는 이주노동자나 난민 같은 외국인이나 북한을 탈출해 한국으로 온 탈북민이 여기에 속할 것이며, 우리 사회 내에서도 성적소수자,

---

1) 환대는 통상 사람을 대상으로 한다. 그렇지만 환대의 대상을 반드시 사람에만 국한시키지 않고 자연으로 확대할 수 있다는, 또는 그렇게 해야 한다는 논의도 있다. 그리고 환대의 주체 또한 사람이기만 한 것이 아니라 자연이 환대의 주체가 되고 인간이 환대의 대상이 된다고도 한다. 더욱이 자연은 그야말로 무조건적 환대의 주체다. 인간에게 어떤 질문도 던지지 않고, 어떤 조건도 내걸지 않으며, 찾아오는 모든 인간을 받아들이는 '방문의 환대'(초대의 환대가 아닌)의 주체다. 환대의 극치가 아닐 수 없다. 변광배(2019) 참조.
2) '우리'의 범위 또한 가변적이다. 상황에 따라 매우 좁게 규정될 수도 있으며 때로는 제법 넓은 범주의 사람을 포괄하기도 한다. 가족이 우리일 때도 있고, 친한 친구들일 수도 있으며, 때로 민족이나 국민을 가리킬 때도 있다. 여러 가지 이유로 경계의 기준이 이동하면서 수시로 '우리'라는 관념의 적용 범주가 달라지는 것이다. 아울러 나는 누군가를 '우리'라고 생각하지만 나는 상대방이 생각하는 '우리'의 범주에는 포함되지 않고 있을 수도 있다. 따라서 기본적으로 '우리'가 어디까지인지 정확하게 규정할 수 없으나 그럼에도 불구하고 사람들은 '우리'라고 느껴지는 감정 또는 의식을 지속적으로 갖는 대상들이 있으며, 이는 타자의 존재가 하나의 범주로 분명하게 드러날 때 그 감정 또는 의식이 더 강해지고 명료해진다.

장애인, 노숙자, 감염인 등도 여기에 해당될 수 있다. 전자가 경계 밖으로부터 온 외적 이방인이라면 후자는 사회내적으로부터 만들어진 내적 이방인이라고 할 수 있을 것이다.

세계화의 진행, 정보유통 속도의 가속화, 교통운송기술의 발달, 국제 분업체계의 변동, 인구구조의 변화, 그리고 다양한 형태의 사회적 분화가 진행되면서 우리나라는 물론이요, 전 세계적으로 타자로서의 이방인 과의 조우가 급증하고 있다. 이방인은 여러 가지 모습으로 '우리'를 찾아 온다. 취업, 혼인, 학업, 관광, 사업, 망명 등 여러 가지 이유로 '우리'의 물리적 공간 안으로 들어온다. 이른바 '합법적' 방문자도 있고, 그렇지 않은 경우도 있다. 이들의 방문은 짧을 수도 있고 길 수도 있으며, 영구 적일 수도 있다. 타자로서의 이방인은 "호기심과 매력의 대상이 될 수도 있고, 두려움과 배척의 대상이 될 수도 있으며, 무시와 천대의 대상이 되기도 한다"(최진우 2018)[3]

우리는 이러한 타자들을 어떻게 대하고 있는가? 어떻게 대해야 하는 가? 타자를 대함에 있어서의 우리의 실천과 당위는 얼마나 수렴 가능 한가?

첫번째 질문은 현실에 관한 문제로, 우리가 타자를 대함에 있어 취하고 있는 지배적인 방식이 여러 가지 대안적 방식 중 어디에 해당하는가를 묻고 있다. 두번째 질문은 당위성에 대한 물음으로, 우리가 타자를 대함에 있어 어떤 방식으로 대하는 것이 윤리적으로 타당하며, 현실적으로 합리적인 것인지를 묻고 있다. 세번째 질문은 타자에 대한 우리의 태도와 언행이 당위적 기준과는 괴리가 있다고 보고, 그 괴리의 정도는 어느 정도며 그 괴리를 줄일 수 있는 여지가 있는지, 그리고 줄이기 위해서는 무엇을 해야 할지를 묻고 있다.

---

3) "이방인은 안정적인 주체에게 때로는 자극과 매혹으로, 때로는 당혹과 위협으로 표상 돼 왔다"는 김애령(2015, 183)의 지적이 바로 이런 의미일 것이다.

이 글에서는 우리가 타자를 대하는 방식은 배제, 차별, 동화, 관용, 인정에 근간을 두고 있으며, 이는 사회적 평화를 위협할 가능성이 매우 크기 때문에 우리는 이를 지양하고 타자와의 관계 맺기에 있어 환대의 실천으로 나아가야 함을 주장한다. 아울러 환대의 실현을 위해서는 환대의 실천이 개인윤리의 차원은 물론이거니와 사회적 윤리의 영역 안에 확고히 자리 잡아야 할 것임을 제안한다.

Ⅱ 환대란 무엇인가?

우리가 타자를 대하는 방식에는 크게 다섯 가지가 있다.[4] 배제, 차별, 동화, 관용, 인정이 그것이다. 배제(exclusion)는 혈연적 또는 종교적 순혈주의 등에 입각해 '타자'를 '우리'의 공간에 발을 붙이지 못하게 하는 행위다. 소극적으로는 이민자 유입을 거부하거나 엄격하게 통제하는 정책을 수행하는 것으로 나타나지만, 적극적으로는 소수자 집단의 추방 또는 학살 등으로 나타날 수 있다. 국경의 물리적 폐쇄, 강제 이주, 인종청소, 홀로코스트가 그 예다.

차별(discrimination)은 다양한 형태로 이루어진다. 법적, 제도적 권한에 대한 접근을 명시적으로 제한하는 경우도 있고, 사회적 차별을 방치하거나 조장하는 경우도 있을 수 있다. 노예제도, 신분제도, 아파르트헤이트(Apartheid), 성차별, 인종차별 등이 여기에 포함된다.

동화(assimilation)는 소수자 집단이 주류집단의 관습과 제도, 문화와 정체성 모두를 수용할 때 배제와 차별의 대상에서 벗어날 수 있도록 하는 조치다. 하나의 정체성만 인정되며, 이 정체성을 받아들일 때는 사회

---

4) 배제, 차별, 동화, 관용, 인정, 환대에 대한 아래의 논의는 최진우(2017, 11-17)의 내용을 축약한 것이다.

의 일원이 되지만 그렇지 않을 경우 법의 보호와 제반 시민적 권리의 행사가 제한된다. 사람들이 기존의 삶의 양식과 사고방식을 바꾸는 것은 매우 어렵다는 점에서 동화는 앞의 세 가지 방식과 마찬가지로 소수자들의 인격과 인간성을 부정하거나 억압하는 기제다.

관용(tolerance 또는 toleration)은 동화정책에 비해 타자에 대해 관대하다. '우리'의 공간 안에서 타자가 자신의 고유 정체성을 유지하면서 존재할 수 있도록 허용한다는 점에서 그러하다. 그러나 관용은 힘의 비대칭성의 기반 위에서 이루어지며 시혜자의 자의적 처분에 의존하게 된다는 점에서 매우 불안정하며 타자의 인격과 인간성에 대한 위협이 잠재된 상태다.

한편 인정(recognition)은 나의 공간 속에 나와는 정체성을 달리 하는 타자가 자신의 고유한 정체성을 가지고 존재할 권리를 갖고 있음을 받아들이는 태도다. 관용은 타자의 정체성을 내심 못 견뎌 하면서도 내색을 하지 않고 인내하는 것이지만, 인정은 타자의 정체성을 정당한 것으로 판단해 타자의 존재에 대한 "긍정적 평가와 반응"을 나타내기도 한다. 이는 이질적 정체성을 가진 집단의 공존 상태로 이어질 수 있는데, 다문화주의가 바로 여기에 해당된다. 그런데 인정은 타자의 정체성과 나의 정체성이 하나의 공간에 공존해도 괜찮다는 태도이긴 하지만 엄연히 타자의 정체성과 나의 정체성은 별개의 것이고, 서로 섞이는 것을 원하지 않는다. 이와 같이 나와 분리된 존재로서의 타자와 나의 관계에서는 언제라도 인정의 철회가 가능하다. 따라서 인정을 통한 공존은 평화를 가져다주지 않는다. 인정은 타자와의 불안한 동거를 가능하게 할 따름이다. 오늘날 우리가 목격하고 있는 유럽 다문화사회에서의 갈등 현상이 바로 여기에 해당한다.

인정에 기반을 둔 다문화주의의 한계를 극복하기 위해 타자를 대하는 우리의 태도는 환대여야 한다. 환대란 타자에게 내 공간을 내어주고 나아가 타자를 자아의 일부로 수용하는 것을 뜻한다. 환대는 타자를 대함에 있어 '자아의 확장'을 시도하는 태도다. 타자를 자아의 범주로 받아들임으로써 자아의 영역을 확대시키는 것이다. 타자가 가진 타자성을 내가 수용해 자아의 일부로 삼는다는 것이다. 이 과정에서 기존의 자아는 변용을 겪게 된다. 기존의 자아를 구성하던 요소와 새롭게 받아들여지는 요소가 함께 섞여 새로운 자아를 형성하게 되는 것이다. 이를 통해 우리와 타자는 '공생의 관계'에 진입한다. 공생의 관계에서는 자아와 타자의 구별이 희석되며, 자아의 확장을 통해 더욱 고양된 자아가 형성된다.[5]

타자를 대하는 이러한 방식은 크게 두 가지로 정리할 수 있다. 자기중심적 방식과 타자중심적 방식이 그것이다.

자기중심적 방식은 나의 의지, 나의 판단, 나의 이익에 따라 타자를 대하는 것이다. 타자에 대한 배척과 관용, 차별과 환대 모두 나의 기준에 따른다. 타자를 내치거나 받아들이거나 어느 쪽으로 결정하든 내가 결정권을 갖고 있고 또 이를 행사한다. 언제 어떻게 받아들일지, 언제 어떻게 내칠지 모두 내 소관이다.

반면 타자중심적 방식은 타자를 만남에 있어 만남의 시기와 방식, 그리고 그 이후 모든 일을 타자에게 맡기는 것이다. 타자를 내 집에, 우리 사회에 받아들이고 안 받아들이고는 나의 소관이 아니다. 타자가 내 집에, 우리 사회에 들어오고 말고는 전적으로 타자의 결정에 달려 있다. 나는, 우리는, 우리 앞에 나타난 타자를 맞이해 들이기만 하면 된다.

환대는 기본적으로 타자중심적 윤리를 지향한다. 진정한 환대란 왜

---

5) 이는 어찌 보면 동화모델과 일맥상통한다고 볼 수 있다. 타자와 '우리'의 문화적 정체성이 수렴될 수 있다는 가능성을 열어놓고 있다는 점에서 그러하다. 그러나 환대 모델은 동화 모델을 뒤집어놓고 있다. 동화는 상대방으로 하여금 나에게 맞추도록 강요한다는 점에서 폭력성을 수반할 가능성이 농후한 반면 환대는 나 스스로 타자에게, 그리고 타자가 존재하는 새로운 환경에 맞춰나가려는 자발적 노력을 실천한다는 점에서 매우 평화적인 접근방식이다.

왔는지, 얼마나 머물 것인지, 머물면서 무엇을 할 것인지, 나한테 원하는 게 무엇인지 묻지도 따지지도 않고 환영하면서 내 곁을 내주고 조건 없이 알아서 머물게 하는 것을 뜻한다. 타자가 우리를 찾아왔을 때 이런 방식으로 타자를 맞아들인다면 이는 '방문에 의한 환대(hospitality by visitation)'가 된다. 이러한 방식으로 타자를 환대한다는 것은 "그의 가치를 인정하는 것이 아니라, 가치에 대한 질문을 괄호 안에 넣은 채 그를 환대하는 일이다. 결국 이것은 타자를 그 어떤 인식론적 이해가 아니라, 존재론적인 공감으로부터 받아들였기에 가능한 것이다"(신성환 2019, 637). 반면 내 기준에 따라 내가 맞아들이고 싶은 사람만 환대하는 것은 조건적 환대이며 이는 자기중심적 환대다. 이런 방식에 의거해 타자를 환대하며 맞아들인다면 이는 '초대에 의한 환대(hospitality by invitation)'다. 후자의 환대, 즉 환대할 만한 사람만 환대하는 것, 내가 내건 조건에 맞는 사람에게만 조건부로 환대를 하는 것, 그것이 과연 진정한 환대인가?

'우정'의 예를 들어보자. 어렸을 적 우리는 '좋은 친구'를 사귀라는 말을 보고 들으며 자랐다. '좋은 친구'의 의미가 무엇인지 엄밀하게 정의된 바는 없지만, 통상 살아가면서 도움이 될 만한 친구, 주로 공부 잘 하는 친구를 이르는 경우가 많았다. 맥락에 따라서는 부잣집 친구를 사귀라는 것을 의미했을 수도 있을 것이다. 내 공부에 도움이 되거나, 내 생활태도를 개선하는데 자극이 되거나, 아니면 후일 사회생활에 보탬이 될 수 있는 사람을 가려서 친구로 사귄다면, 우리는 과연 이것을 우정이라고 부를 수 있을까? 상대방의 지적 수준, 부의 정도를 조건으로 친구를 선택해서 사귄다면, 이것이 진정 우정일까? 이런 조건적 우정은 오히려 거래에 가까운 것이 아닐까? 그렇다면 조건적 환대도 마찬가지로 거래에 지나지 않는 것이 아닐까? 나한테 도움이 될 만한 사람만 환대한다면, 이는 기껏해야 대가를 기대하고 행하는 환대의 제스처에 불과할 것이다.

이념형적 환대, 무조건적 환대, '방문에 의한 환대'는 타자중심적 윤리로서 조건 없이 타자에게 '자리'를 내주고 '목소리'를 갖게 하는 것을 뜻한다. '자리'는 다의적 의미를 갖는다. 말 그대로 타자가 우리와 같은 공간에서 일자리와 거주의 공간을 가지고 우리와 다름없이 생활하도록 한다는 것이다. 한편 자리는 또한 사회적 지위, 위상을 포함해 존엄성을 인정받는 인간으로서의 정체성을 포함하는 의미이기도 하다. '목소리'는 이들에게 '권리를 향유할 권리'를 갖게 한다는 것이다. 말하자면 우리 사회의 성원권(成員權)을 인정한다는 것이다. 따라서 환대는 타자에게 자리를 주고 그 자리를 지킬 수 있는 권리까지 주는 것을 의미한다. 도대체 이것이 가능한가? 우리가 이렇게까지 해야 하는가?

Ⅲ 왜 환대인가?

왜 환대를 해야 하는가? 왜 낯선 이를 우리의 공간, 나의 집으로 받아들여 위험을 초래하고 내 삶의 안정성이 흔들리는 것을 용인해야 하는가? 도덕적 윤리 때문인가, 종교적 의무인가, 아니면 합리적 계산인가?

환대는 윤리적 호소일 수 있다. 모든 인간은 존엄성을 지닌 존재라는 대명제에 따라, 누구도 소홀히 대해서는 안 된다는 규범적 명령이기도 하다. 환대는 종교적 계명이기도 하다. 가장 약하고 작은 이를 보호하고 대접하며, "외국인을 네 나라 네 사람처럼 대접하고 네 몸처럼 아껴라"(레위기 19장 34절)라고 하는 종교적 가르침일 수도 있다. 이에 더불어 환대의 이유는 지극히 현실적이고 합리적인 근거에서도 찾을 수 있다.

홉스는 사회계약의 동기를 이익에 대한 희망보다는 폭력적 죽음에 대한 공포에서 찾는다(김은주 2018, 263). 이것이 어쩌면 환대의 합리적 기반일 수도 있다. 환대의 실천과 실천 거부는 모두 어느 정도 두려움에 근거한다. 환대를 실천했을 때, 묻지도 따지지도 않고 이방인을 내 집에 들였을 때, 그 이방인이 적으로 돌변해 나를 해치고 내가 가진 것을 빼앗아갈 수도 있다는 두려움은 환대의 실천을 어렵게 한다. 한편 환대를 하지 않았을 때 그 이방인이 지금 당장 또는 후일 언젠가 나에게 불이익을 가할 수도 있다는 두려움은 우리에게 환대의 실천을 종용한다. 종교적 의미에서는, 내가 박대한 이방인이 사실은 신적 존재일 수도 있다는 두려움이 환대의 가능성을 열어준다. 따라서 환대는 일정 정도 '위험의 회피'를 지향하는 지극히 합리적인 선택(rational choice)일 여지가 크다. 이런 의미에서 환대는 공허한 당위론적 윤리가 아니라 지극히 현실적인 삶의 방법일 수 있다. 환대의 결핍은 또 다른 방식으로 우리에게 위험으로 다가올 수 있기 때문이다.

통상 타자는 무시의 대상이 되거나 두려움의 대상이 된다. 무시의 대상이 됐을 때 타자는 박대, 홀대, 냉대, 천대를 받게 되며, 두려움의 대상이 됐을 때 타자는 적대의 표적이 된다. 이것이 '타자화'다.

타자화는 필연적으로 배제, 차별, 억압을 수반하고 이에 대한 반작용으로 저항을 유발하며, 이로 인한 갈등은 격렬한 물리적 충돌을 야기하기도 한다. 저항운동이 때로는 비폭력적으로 때로는 폭력적인 양상으로 일어나기도 하고, 심지어는 내전으로 비화하기도 한다. 때에 따라서는 국가 간의 전쟁으로 번지는 경우도 있다. 나라의 문을 걸어 잠그기도 하고, '인종청소'가 자행되기도 한다. 이로 인한 난민의 발생은 인도주의적 비극으로 이어지기도 한다. 타자화의 결과는 평화의 파괴일 가능성이 현저히 높다. 따라서 진정한 평화를 구현하기 위해서는 타자화의 극복이 필요하다. 타자화가 지속되는 한 갈등과 충돌, 위기와 비극의 재생산은 불가피하기 때문이다(최진우 2017).

타자화를 극복하는 하나의 방법은 '자아의 확장'이며 이것이 곧 환대다. 환대란 조건 없이 타자를 내 집에 받아들이는 것을 의미하고, 타자를 자아의 일부로 수용하는 것을 뜻한다. 이를 통해 타자는 더 이상 타자가 아닌 것이 되며, 따라서 타자와의 근원적 갈등이 해소될 수 있다. 결국 환대는 평화를 위한 처방인 것이다.

환대는 평화 외에도 또 다른 이점을 가져다준다. 예외가 없는 것은 아니지만 경험적으로 봤을 때 많은 경우 우리를 찾아오는 이방인은 대체로 삶에 대한 애착이 강하고, 보다 나은 삶에 대한 동기가 매우 강한 사람들이다. 이들은 자신이 동원할 수 있는 가용자원의 상당부분을 투여해 자신의 터전을 떠나 새로운 땅에서 새로운 인생을 살겠다는 쉽지 않은 결단을 내린 사람들이라는 점에서 그러하다. 따라서 이들은 매우 유용한 인적자본이 될 수 있다. 영민함과 성실성을 동시에 갖춘 유능한 인재일 가능성이 높다. 이들을 적극적으로 노동시장에 받아들이고 사회 속으로 맞이해 들인다면 사회적 기여도가 높은 공동체의 일원이 될 공산이 크다. 반면 이들을 홀대하고 차별한다면 이러한 인적 자본의 활용 기회를 놓치게 된다는 점에서 경제적인 기회비용의 손실이 초래될 것이고, 나아가 이방인에 대한 홀대는 내부적으로는 사회적 비용의 증가를 초래해 사회적 자원의 효율적 배분에도 부정적인 영향을 미칠 것이며, 외부적으로는 국가브랜드를 훼손하는 결과로 이어지면서 장기적으로 지속가능한 발전에 걸림돌이 될 것이다.

또한 우리 속에 들어온 타자는 우리에게 새로운 자극이 될 수 있다. 낯선 문화, 새로운 시각은 우리에게 이전에 보지 못했던 것을 보게 해주며, 우리 스스로를 돌아보게 하는 성찰의 기회를 촉발할 수 있다. 원래 문화의 교류와 섞임은 문화를 더욱 풍요롭고 다채롭게 해주며, 사고의 지평을 넓혀줌으로써 새롭고 신선한 아이디어의 창출을 촉발한다.

요약하자면 환대는 추상적인 윤리적 당위이자 종교적 의무일 수도 있지만 또한 평화로운 삶, 경제적 발전, 문화의 풍요로움과 같은 매우 현실적이고 합리적인 이유에서도 그 실천의 필요성을 찾을 수 있다.

Ⅳ 환대의 실천

환대의 실천이 가능한가? 결코 쉬운 일이 아니다. 더욱이 무조건적 환대, 방문에 의한 환대는 사실상 불가능하다. 그럼에도 불구하고 환대의 근사치를 실천하는 예가 없는 것은 아니다. 한 수녀님의 얘기다. 어떤 가난한 중장년의 남성이 늙고 병든 아버지와 단둘이 살고 있었다. 두 사람은 그렇지 않아도 어려운 삶을 살아가던 중 경제사정이 더 악화돼 노숙자 신세가 될 수밖에 없었다. 아버지를 부탁할 데가 없었던 이 남성은 종교시설이 운영하는 여러 시설을 방문하게 된다. 그 시설들에서는 아버지의 종교를 물으며, 신앙이 없다고 하자 자기네 종교로 신앙을 가지면 받아들일 수 있다고 했다. 종교에 관심이 없었던 아버지는 시설 입소를 거부했다. 그러던 중 어느 수녀원에서 운영하는 시설을 찾아갔다. 면담을 나온 수녀님께 아버지 얘기를 꺼내자마자 수녀님 말씀이 "모시고 오세요"였다고 한다. 너무 빠른 대답에 당황한 남성이, "아니 우리 아버지는 천주교 신자가 아닌데…"라고 말을 잇자 수녀님은 말을 끊으며 "아니, 모시고 오세요"라고 다시 힘주어 말을 하셨다고 한다. 이렇게 쉬울 수가 없다고 생각한 남성이 "저 우리 아버지는 담배도 피우시고, 술도…"라고 하면서 자세히 상황을 설명하려 하자 수녀님께서는 약간 짜증 섞인 말투로 "아 글쎄 그냥 모시고 오시라니까요!"하고 말씀하셨다. 신앙이 있는지 없는지, 어떤 신앙을 가지고 있는지, 어디가 아픈지, 어떤 생활 습성을 가지고 있는지, 어떤 사람인지 묻지도 따지지도 않은 채, 단지 머물 곳을 찾는 사람이기 때문에 무조건 받아들이신 것이다. 무조건적 환대의 예가 아닐 수 없다.

차원을 달리해 국가적 규모에서 환대를 실천한 비근한 예로는 2015년 가을 독일이 시리아난민에 대해 문호를 개방했던 것을 들 수 있다. 물론 몇 달 못가 비판 여론이 비등하는 바람에 정책을 수정해야 했지만,

동기가 무엇이든 일단 갈 곳 없는 난민에 대해 문을 활짝 열었던 독일의 지도자는 결단 어린 환대를 실천한 것으로 간주할 수 있을 것이다.

　사실 우리가 즐겨 읽는 소설 속에서도 환대의 예를 찾아볼 수 있다. 소설가 박경리의 『토지』에 등장하는 영산댁(김연숙 2018)이나 이종산의 작품 「당신이 그동안 세계를 지키고 있었다는 증거」에서 나오는 '은'이라는 이름의 주인공이 바로 그런 인물이다(신성환 2019). 이들은 상대방이 누구이든 가리지 않고 약하고, 상처받고, 쫓기고, 갈 곳 없는 사람들의 결핍을 이해하며, 그들의 고통에 공감하고, 그들의 처지를 걱정하면서 보상을 바라지 않은 채 그들의 삶을 존중하며 무조건적인 돌봄을 베풂으로써 그들을 '사람'으로 대접하는 사람들로 소설 속에서 묘사된다. 소설 속에 등장하는 인물들이지만 우리 삶 속에서도 언젠가 어디선가 만났음직한, 온유한 마음을 실천하는 사람들이다. 환대의 실천이 용기와 결단을 필요로 하기도 하지만, 삶 속에서 자연히 구현되는 경우도 있다는 점에서 반드시 비현실적인 일만은 아닌 것이다.

V 환대의 실현

　다시 말하건대, 환대의 실천은 쉽지 않다. 특히 개인적 공간에서의 환대는 더욱 어렵다. 사실 무조건적 환대에 보다 더 친화적인 것은 개인적 공간보다는 사회적 공간이다. 개인적 공간에서는 묻지도 따지지도 않고 맞아들인 타자와 폭력적 상황에 맞닥뜨렸을 때 이에 대응하고 해결하는 것이 전적으로 개인에게 맡겨지기 때문이다. 이는 근현대 국가의 법정신에도 맞지 않는다. 자력구제는 위법의 소지가 있기 때문이다. 따라서 환대의 실현은 개인적 공간보다는 사회적 공간에서 이루어질 가능성이 높고, 또 그렇게 시도해야 한다. 사회적 공간에는 홉즈적 강제력이 작동하고 있기 때문이다. 근현대 국가의 사회적 공간에서는 환대의 과정에서 발생할 수 있는 위험하거나 불미스러울 수 있는 여러 가지 상황에 대응할 수 있는 합법적인 강제력을 가진 제도적 장치가 존재한다. 개인적 윤리로서의 환대는 조건적 환대의 한계를 넘기 힘들지만 사회화된 환대는 무조건적 환대에 보다 근접할 수 있다. 조건적 환대에서 무조건적 환대로의 이행은 따라서 개인윤리로서의 환대에서 사회적 윤리로서의 환대로 이행할 때 실현 가능성이 더 높아질 것이다.

물론 사회화된 환대, 사회적 의무로서의 환대, 그리고 사회적 환대에의 무임승차가 진정한 환대인가에 대한 질문에는 답변이 궁색할 수 있다. 자발적 환대이기보다는 타율적 환대이고 환대에 대한 책임전가이며, 또한 매우 소극적인 환대에 그칠 가능성이 높기 때문이다. 남이 하라니까 할 수 없이 하는 환대, 남(국가)에게 맡겨놓은 환대는 진정한 환대일수 없다. 그러나 홉스의 리바이어던을 생각해보자. 신민들은 자연상태에서는 불안과 공포 속에서 짧고 비참한 삶을 살 수밖에 없기 때문에 계약을 통해 국가에 자신들의 주권을 양도한 것이다. 말하자면 홉스의 세계에서는 개인적 삶과 공동체적 삶이 타협을 볼 수밖에 없었던 것이다. 환대의 세계에서도 마찬가지다. 개인적 차원에서의 환대의 실천은 위험성이 따르기 때문에 환대의 사회화를 통해 현실 속에서의 가능태를 최대한 구현하려는 노력을 경주하는 것도 충분한 가치가 있는 일이 아닐 수 없다.

Ⅵ 결론: 환대의 제도화, 환대의 정치

환대가 개인적 차원과 더불어 특히 사회적 차원에서 실천돼야 한다는 것은 환대가 더 이상 윤리의 문제가 아니라 정치의 문제가 돼야 함을 뜻한다. 환대가 개인적 덕목이 아니라 사회적 규범으로 자리잡기 위해서는 법, 제도, 문화의 뒷받침이 필요한데, 이는 곧 정치의 영역이기 때문이다.

사회적 실천의 차원에서 환대는 세 요소로 구성된다. 탈경계성, 수평성, 공생성이 그것이다. 탈경계성은 "이방인 내지는 사회적 소수에 대한 수용성과 개방성"을 일컬으며, 이는 "불편, 불이익을 감수하고서라도 타인을 기꺼이 수용하려는 태도(수용성)이자, 진실하고 정직한 자세로 타인의 목소리나 요청을 경청하려는 태도(개방성)"를 말한다(한준성·최진우 12).

수평성은 사회적 소수를 인간으로서의 "존엄성을 가진, 나와 동등하게 대우받을 가치를 지닌 존재로 보고 존중하는 태도"인 동시에 나아가 우리 "모두가 이방인성 내지는 타자성을 가지고 있으며" 또한 모두가 "항상 상처받기 쉬운 취약성을 가진 존재임에 대한 자각"이기도 하다(한준성·최진우 2018, 13).

공생성은 "기꺼이 타인을 도와주거나 도움을 받음으로써 유무형의 상호 이익과 역량을 증진시키려는 태도이자 적극적으로 상호이해를 지향"하는 태도와 행위를 일컫는다(한준성·최진우 2018, 13). 사실 타자 또는 이방인이 항상 수혜자의 위치에 머무르는 것은 아니다. 아무리 사회적 약자라고 해도 "주는 힘"을 완전히 결여하고 있지 않다는 것은 우리가 삶을 통해 체득하고 있는 사실이다(한준성·최진우 2018, 13). 우리와 타자와의 관계는 일방적 시혜 관계가 아니라 서로가 서로에게 도움이 될 수 있다는 점에서 공생의 관계에 놓여 있으며, 이러한 관계를 지향하는 것이 곧 환대의 실천일 수 있는 것이다.[6]

이러한 세 요소로 구성된 환대의 실천과 실현은 개인적 차원의 노력으로는 가능하지 않다. 사회적 차원의 노력이 필요하다. 물론 사회구성

---

6) 한편 사회적 약자라고 생각했던 사람이 자신이 받은 홀대에 대해 보복의 능력을 행사하는 경우도 없지 않음을 우리는 삶의 경험을 통해 알고 있다.

원 개개인의 적극적인 지지와 참여가 있을 때 사회적 차원의 환대가 뿌리를 내리고 지속가능해질 것이다. 사회적 차원에서의 환대의 실천은 법과 제도의 교육적 기능과 사회화에 힘입어 개인적 차원의 환대로 확산될 수 있고, 이는 다시 사회적 차원의 환대로 환류될 수 있을 것이다. 환대의 실천과 실현은 그래서 정치의 영역에서 시도되고 이루어져야 한다.

참고문헌

김연숙. 2018. "『토지』의 '영산댁'이 보여주는 관계적 사유와 환대의 윤리."『아시아여성연구』 제57권 2호, 63 – 90.

김은주. 2018. "데리다와 공동체 없는 정치."『철학연구』 122집, 255 – 285.

변광배. 2019. "데리다의 무조건적 환대의 한 경우: 지오노의『나무를 심은 사람』을 중심으로."『인문학연구』 31집, 31 – 62.

서윤호. 2019. "이주사회에서의 환대의 권리."『비교문화연구』 56집, 65 – 86.

신성환. 2019. "한국소설에 나타난 환대의 존재론과 장소의 윤리: 「첫사랑」, 「상류엔 맹금류」, 「당신이 그동안 세계를 지키고 있었다는 증거」를 중심으로."『구보학보』 21권, 605 – 645.

최진우. 2018. "환대의 윤리와 평화." OUGHTOPIA 제32집 1호, 5 – 27.

한준성, 최진우. 2018. "이주민 환대지수(Hospitality Index) 지표체계 개발지수."『문화와 정치』 제5권 1호, 5 – 41.

제3장

타자성, 환대, 그리고 공생사회

이상원

I 서언: 환대의 의미와 공생사회의 가능성

"환대(hospitality)"의 깊은 의미를 알기 위해서는 어원에서 출발하는 것이 중요하다. 영어 단어인 "hospitality"의 라틴어 어원("hospes")의 함의는 복합적이다. 라틴어 "hospes"는 "hostis(적, 낯선 자)"와 "potis(가능성)"의 합성어이다. 여기서 주목할 것은 "hospes"가 주인(host)과 손님(guest)이라고 하는 이중적 함의를 지니고 있다는 점이다(Derrida 2000, 43-45). 인간 존재는 단지 주인으로만 고정되는 것도 아니고 손님으로만 떠도는 것도 아니다. 세상을 살아가면서 우리는 언제든 주인이 될 수도, 손님이 될 수도 있다. 주인은 언제나 같은 자리에서 자신만의 동일한 영역을 지니고 이를 지키고 싶어 한다. 반대로 손님은 주인의 고정된 영역 바깥에서 언제든 여러 낯선 이들의 모습으로 찾아오곤 한다. 이렇듯 환대는 존재의 동일성으로의 지향과 타자성의 발현이라는 두 연계된 움직임에 담긴 주객(主客, hospes) 관계의 역전 가능성(potis)을 반영한다.

우리가 얘기하고자 하는 환대는 단순히 주인의 손님을 향한 일방적 대접을 의미하는 것이 아니다. 환대는 근원적으로 양가성을 지닌 인간관계의 모순성을 보여준다. 환대의 맥락에서 우리는 언제든 주인(主)이자 손님(客)이다. 우리는 주인으로서 나의 거처에서 새로운 존재를 설렘으로 기다리고 맞이하지만, 기대는 언제나 위험한 낯선 자에 대한 두려움을 수반한다. 동시에 낯선 곳에 처한 나라는 존재는 언제나 손님으로서 낯선 이로부터 내쳐지지 않고 따뜻한 응대를 받길 원한다. 여기서 우리는 주관과 객관이라는 익숙한 고정된 인식틀을 넘어 타자로서 서로를 조우하고 환대를 욕망하는 존재의 모습과 마주한다. 나라는 존재(being)는 주체(subject) 혹은 객체(object)라는 이분법적 관점으로 쉽게 규정될 수 없다(Heidegger 1962, 86). 주객(主客)관계는 나라는 존재(자아)와 나 바깥의 타자라는 논리적 구분으로 쉽게 재단되는 현상이 아니다. 오히려 내가 세상에 다른 이들과 함께 지속적으로 공존하기 위해서는 종종 주인에서 손님으로 혹은 손님에서 주인으로 입장 전환을 해야 한다. 자아는 이미 주관과 객관의 필연적 연결성 속에 있다. 나는 주인인 동시에 손님이다.

자아의 존재는 가장 깊은 내부에서부터 이미 타자와의 관계 형성을 전제한다. 결국 세상에 존재한다는 것은 무수한, 쉽게 규정할 수 없고 예측할 수 없는 타자의 존재를 맞이하며 살아간다는 뜻이다. 나라는 존재는 세상에 태어나는 순간부터 사멸하는 그 순간, 그리고 어쩌면 죽음 이후에도 세상 속에 자리를 얻고 다른 이들에게 받아들여지길 원한다. 우리는 성장과정을 통해 부모로부터 시작해서 새롭게 만나게 되는 낯선 이들과 끊임없이 관계를 맺고 살아가게 된다. 삶의 과정에서 다양한 관계의 형성과 지속을 위해서는 익숙하지 않은 이들끼리 서로에 대한 환대는 필수적이다. 여기서 타자의 존재는 나라는 제한된 영역의 존재가 함부로 어찌할 수 없는 세상의 움직임을 통해 드러난다. 결국 환대는 인간 존재가 처한 타자성(otherness)의 필연적 상황을 의미한다. 타자(the other)의 존재와 움직임은 자아가 결코 완전히 조절하거나 지배할 수 없기에 자아보다 우월하다(Levinas 1969, 27). 이러한 자아 너머 타자의 실존을 직시하고 맞아들이는 역동적 모습이 인간 존재가 실천할 수 있는 환대의 현실적 기반이다.

환대를 통해 살아가는 낯선 인간들 간의 일상적 공존의 상태를 공생(conviviality)이라 부를 수 있다. 공생은 타자를 자아의 관점에서 일방적으로 재단하거나 동질화시키지 않는다. 이러한 동질화의 경향성은 아무리 통합과 평화를 부르짖는다 하더라도 오직 특정한 자아의 관점 안에만 타자를 가두고 왜곡시킬 수 있다. 환대에서 비롯되는 진정한 공생의 가능성은 일상에서 만나는 차이와 다름에 열린 상태를 지향하는 것이다. 이것은 이타주의적 이상(ideal)이 아니다. 이타주의는 여전히 자아의 관점 안에서 타자에게 일방적으로 선을 베풀고자 하는 것이다. 공생은 이러한 윤리적 당위의 인식보다는, 오히려 내가 함부로 어찌할 수 없는 타자의 현실적 존재와 그 통제 불가의 움직임을 직시하는 데서 출발한다. 내가 주인의 관점에서 타자를 대상화하지 않을 때, 내가 언제든 손님의 입장에서 나 바깥의 낯선 주인들을 바라보려 할 때, 비로소 인간 존재가 처한 진정한 공존의 현실이 우리의 마음 안에 들어온다. 이때 비로소 서로의 다름을 제대로 이해하고, 언제든 발생할 수 있는 타자들 간 충돌의 가능성에 신중히 접근하는 참된 정치적 관점이 형성될 수 있다(Gilory 2006, 42-43).

공생의 상태는 도덕적 이상주의의 주입이 아니라, 타자의 필연적 존재성을 철저히 인식하는 환대의 현실적 문제의식 하에 드러난다. 즉 공생은 나의 기준이 아니라 낯선 이들의 다름(타자성)을 있는 그대로 직면하는 데서 가능하다. 오직 일상적 대면과 소통을 추구할 수 있는 사회적 상태 속에서 인간은 타자를 자아의 대상으로 격하시키지 않고 진정으로 나와 다른 방식으로 살아가는 독립적 존재로서 대할 수 있다. 환대의 필연성은 결국 인간 존재로 하여금 서로의 다름을 자연스레 수용하면서 생동감 있게 어우러지는 사회적 상태, 즉 공생사회의 제도적, 규범적 디자인을 요청한다. 이러한 문제의식에서 아래에서는 환대와 공생의 실존적 의미에 관해 조금 더 구체적으로 논의해보고자 한다.

Ⅱ 자아의 분리성과 타자의 맞아들임

나의 존재성에서부터 다시 출발해보자. 나라는 자아(self)는 나와 다른 존재자들로부터 근원적으로 분리되어 있다. 나와 너라는 서로 다른 존재는 다양한 방식으로 관계를 맺지만, 그 관계 사이에는 아무리 가깝다 해도 절대 좁힐 수 없는 거리가 있다. 이러한 분리성과 거리의 존재는 개인적 차원뿐만 아니라 '우리'라고 부르는 집단적 자아가 마주하는 또 다른 우리, 즉 '그들' 사이에서도 마찬가지로 드러난다. 이렇게 분리된 존재들의 개별성과 차이는 그 어떤 강제성을 동원해도 특정한 자아가 설정한 전체(totality) 안으로 결코 가둘 수 없다. 우리가 보통 다원성(plurality)이라 부르는 현실의 진정한 의미는 마치 원자들처럼 동일한 속성을 지닌 보편적 개별자들의 물리적 공존을 지칭하는 다수성(multiplicity)의 개념과 다르다(Levinas 1969, 121). 다수성의 범주 속에는 살아 숨 쉬는 다양한 실존의 모습이 아니라, 오직 중립적 개인들로 구성된 존재의 동질화된 '이미지'만이 반영된다. 참된 다원성의 개념은 동일하고 보편적 개인들이 아니라, 결코 보편적 범주로 규정될 수 없는 존재의 차이와 다름

(difference), 차별화(differentiation)의 현실을 반영한다.

타자성의 진정한 의미는 자아의 대상이 아니라, 자아를 넘어서 있는 또 다른 존재의 발현에서 찾을 수 있다. 자아가 함부로 규정할 수 없는 '타자로서의 타자'는 현실 속에서 각자의 욕구와 취향의 생생한 차이를 끊임없이 드러낸다. 존재의 필연적 다름과 차별화 속에서 개인들은 비로소 서로의 분리성이 내포한 타자성의 현실과 마주하게 된다. 이때 나만의 기준으로 타자를 대상화한 세상에 갇히고 고립된 자아는 현실에 적응하지 못하고, 존재 가능성을 제대로 발현할 수 없다. 개별자들은 단순히 동일한 욕구체계를 지닌 보편적 개인들이 아니다. 물론 익숙한 것을 추구하는 경향은 자아의 유지에 필수적인 것이다. 자아의 동일성과 유사성의 추구는 타자를 맞이하는 과정에서 반드시 필요한 휴식의 기회를 제공한다. 그러나 매일같이 변화하는 일상의 흐름 속에서 인간 존재는 동일한 것에만 머무를 수 없다. 분리된 개별자는 자신만의 정체성을 유지하고자 하면서도 매일같이 다르게 변화한다. 예측하기 어렵고 달라지는 낯선 세상에 적응하기 위해 우리는 새로운 자아를 형성해나가며 타자성(새로움, 차이, 다름)을 지속적으로 추구할 수밖에 없다. 자아는 동일성의 움직임 내부에서부터 이미 타자성을 경험하고 있다.

분리된 존재의 이기성은 세상의 변화 속에서 반드시 나만의 동일성의 유지를 위해서라도 타자에 의존할 수밖에 없다. 개인들은 이기적 존재로서 자신만의 영역을 지키고자 하는 욕구를 지니지만, 동시에 이러한 욕구의 한계를 넘어 다름과 차이를 추구하는 존재의 열림을 지향하게 된다. 이렇게 자아가 지닌 개별적 욕구(need)가 자신만의 울타리를 넘어 타자성을 향해 무한히 열려있는 상황 속에서 인간의 끝없는 욕망(desire)이 발현된다(Levinas 1969, 117). 저 멀리 높은 곳을 향한 무한한 욕망은 자아로 회귀하는 욕구와 달리 지금의 나와 다른 무언가에 닿고자 자유로운 모험을 감행한다. 이러한 움직임 속에서 욕망은 단순히 자아만의 욕구 충족을 넘어 다양한 존재들과 함께 교류하고 소통하며 끊임없이 더 나은 삶의 방식을 추구한다. 따라서 욕망의 본질은 초월적이다. 자아의 욕망은 단순히 이기적인 것이 아니라 이기성의 한계를 넘어서고자 하는 것이다. 이러한 맥락에서 자아는 분리되어 있으면서도 타자에 필연적으로 열려있고 타자를 맞이할 수밖에 없다. 타자를 향한 환대의 구체적 실현은 물론 개인 혹은 집단마다 그 발현 양상이 다르며, 이기적 욕구의 폐쇄성에 의해 극단적으로 억눌릴 수도 있다. 그러나 아무리 왜곡되고 폭력에 의해 은폐될지라도, 환대의 일상적 가능성은 엄연히 실존하며 인간의 더 나은 삶을 위해 피할 수 없는 공생의 방향을 제시한다.

Ⅲ 타자의 움직임과 존재의 어울림

동질화될 수 없는 차이를 간직한 개별자들 사이의 분리성은 완전한 고립과 단절을 의미하는 것이 아니다. 시간의 흐름 속에 존재자들은 한 자리에 고정되어 있을 수 없다. 각 존재자들은 다양성 속에 각기의 경계를 유지하고 있으면서도, 변화와 움직임을 통해 접촉하며 여러 방식으로 연계된다. 스스로를 유지하고자 하는 이기적 자아의 동일성은 반드시 분리된 존재의 거처와 울타리가 필요하다. 그리고 이기성의 울타리 끝에서, 통제가 불가능한 타자의 움직임이 자아의 영역 안으로 끊임없이 흘러넘쳐(overflowing) 들어온다. 이 속에서 자신만의 경계를 유지하고자 하는 다양한 개별성의 움직임은 서로가 타자로서 저항과 순응을 반복하며 역동적 상호작용을 보이게 된다. 여기서 개별자의 육체적 생존을 위해 각자가 필요로 하는 것들을 획득하고 교환하는 과정이 반드시 수반된다. 이렇게 노동과 소유의 활동을 포괄하는 경제적 관계는 타자들 간 상호작용의 기초적 양상을 구성한다(Levinas 1969, 140f.). 또한 인간 존재가 지닌 말과 언어의 힘은 이러한 이기적 욕구의 발현 속에서 타자들 사이의 안정적 소통과 관계 맺음의 핵심적 기반을 마련한다.

우선 자아의 욕구에서 발생되는 경제적 활동은 타자와 필수적으로 연계하면서도 기본적으로 나라는 영역의 유지가 핵심인 실존의 움직임이다. 자아는 나라는 존재 바깥에 흘러넘치는 다양한 타자의 움직임 속에 자신에게 필요한 것들을 취득하고 이를 자신의 영역 안에 보존해 두기를 원한다. 여기서 우리가 주목해야 할 것은 이기적 존재는 그 유지를 위해 반드시 타자의 존재를 필요로 한다는 사실이다.

이때 이기적 자아가 지니고 있는 욕구가 어떻게 발현되는지는 개별자들마다 다르다. 자아는 노동과 소유의 지속적 추구를 위해 가능하면 타자와의 관계 설정을 안전하고 평화로운 방식으로 하고자 한다. 그러나 자아의 욕구가 때로 공격적으로 표출되면서 타자를 강제적으로 제어하거나 억압하는 배타적 방식으로 발현될 수 있다. 이러한 욕구의 극단적 움직임은 타자와의 연계라는 현실을 반영하지 못하고, 자아가 만든 허상의 세계 속에 고립되면서 실존의 관계성이 뒤틀림을 의미한다. 타자를 배제한 상황에서 자아의 폐쇄된 욕구는 점점 왜곡되고 강제적인 지배의 추구로 표출되고, 결국 자신의 존재 기반마저도 위태롭게 만든다.

이기적 욕구의 건강한 모습은 자아의 현실적 한계를 직시한다. 동시에 이기성의 참된 발현은 자기 파괴적인 것이 아니라 자아를 타자와의 공존 속에 잘 지켜내는 방향을 추구한다. 즉 건강한 이기성은 세상을 향한 무한한 욕망을 타자와 함께 실현할 방향을 고민하며 스스로를 유지한다(이상원 2018, 55-56). 공생을 지향하는 욕망의 건강한 발현 속에서만이 자유롭고 다양한 이기적 욕구 충족의 길이 지속적으로 마련될 수 있는 것이다.

이때 이기적 존재들이 경제적 욕구의 안정적 표출과 함께 서로를 향한 욕망을 더 자유롭게 표출하는 과정에서 말과 언어를 통한 소통의 중요성은 증대한다. 서로의 다름을 이해하고 신중히 접근하려는 자아의 움직임은 욕구의 일방적 투사와 강제적 동질화의 시도가 아니라 대화를 통해 비로소 가능하다. 대화 속에서 비로소 지속가능한 방식으로 존재들이 서로 다른 욕망을 자유롭게 표현하고 어울릴 수 있는 공생의 사회적 토대가 마련된다. 이때 말을 통한 소통을 위해 서로 실제 얼굴을 맞대고 얘기하는 대면(face-to-face)은 필수적인 과정이 된다(Levinas 1969, 204-207). 타자를 타자로서 이해하는 것은 어떤 매개체를 통한 이미지의 왜곡이나 편견의 형성을 통해서는 이루어질 수 없다. 살아있는 타자의 얼굴을 마주하는 생생한 일상적 만남과 대화의 시도 속에서 개별자들은 비로소 다름을 제대로 이해하고 신뢰를 형성할 수 있다. 개별적 존재들이 노동과 소유를 추구하면서 경제적 교류를 평화롭게 유지하는 데에 있어 타자들 간의 대화와 일상적 어울림은 필수적인 요건이 된다. 결국 이기적 자아의 경제적 움직임은 타자를 향한 일상적 환대의 태도 속에서 지속가능하다. 결국 환대는 자아의 생존과 경제적 욕구의 충족을 보장한다. 나아가 타자들 간의 환대는 일상적 대면 속에 서로를 자유롭게 표현하는 소통과 어울림의 추구 속에 비로소 공생사회의 모습으로 구현된다.

Ⅳ 환대의 정치적 현실과 공생의 실현: 타자에 대한 원초적 열림과 제도적 조건화 간의 긴장

결국 자아가 이기성을 잘 유지한다는 것은 나만의 내재적 움직임 속에 매몰되는 것이 아니라, 나의 경계를 넘어 실존하는 타자의 움직임을 맞이할 때 가능하다. 타자에 대한 환대는 서로 다른 존재자들이 모여 어울려 살 수 있는 정치공동체가 형성되고 유지되기 위한 기본 원리가 된다. 다양한 개별자들끼리 지속적으로 공존하기 위해선 특정한 지배 세력에 의한 일방적 통합과 동질화의 움직임만으로는 불가능하다. 정치공동체의 구성은 결국 자아의 거처(home) 바깥에서부터 통제 불가하게 끊임없이 밀려들어오는 타자의 우월한 움직임을 공동체 안에서 어떻게 잘 수용할 것인가의 질문에서 출발한다. 이것은 단순한 이타주의의 요청이 아니라, 이기적 자아가 처한 실존적 현실의 반영이자 실천적 고민이다.

개별자의 한계 너머 타자를 향한 존재의 근원적 열림이 바로 자아가 함부로 제거할 수 없는 무조건적 환대(unconditional hospitality)의 현실이다(Derrida 2000, 25). 그러나 동시에 자아의 타자를 향한 무한한 열림은 그 구체적 실현과정에서 개별자의 영역을 유지하는 과정을 통해 한계 지워진다. 개별자들은 일상 속에서 특정한 언어를 구사하고 나름의 경제적 욕구를 표출하는 등 오직 특정한 맥락 속에서 타자와 관계 맺는다. 이때 환대의 개별적 양상은 조건화의 과정을 거치며 다양한 정도와 방식의 차이를 보이게 된다. 이처럼 인간 존재의 타자를 향한 열림은 각 개인, 집단별로 독특한 생존의 환경과 관습화된 삶의 방식 그리고 이를 반영한 언어체계로 차별화된다.

자아가 거부할 수 없는 무조건적 환대의 필연성은 특정 공동체의 소통 방식에 기반한 삶의 준칙과 이것이 제도화된 법률(laws)의 제한된 구축으로 발현된다(Derrida 2000, 55). 환대의 정치적 현실은 바로 인간 존재가 타자의 무한한 움직임에 열려 있으면서도, 동시에 타자의 실존을 나름의 논리와 법적 기준으로 파악할 수밖에 없는 개별적 존재의 또 다른 현실을 드러낸다(Derrida 2000, 77-78). 결국 타자에 대한 무조건적인 환대는 조건적 환대의 움직임을 수반한다. 환대의 무조건성과 조건성의 두 가지 경향성은 동시적으로 발현되면서도 서로 충돌하는 모순적 양상을 띠면서 인간의 존재방식에 지속적 긴장성을 창출한다(이상원 2017, 20). 따라서 인간이 경제적 삶을 유지하며 대화와 소통을 통해 욕망을 추구하기 위한 공생의 일상적 어울림은 환대의 정치적 현실 속에서 고민될 수밖에 없다.

개인들은 타자를 맞이하는 과정에서 서로가 익숙한 언어와 법률에 기반해 공동체를 구성한다. 이 경험 속에서 '우리'라는 집단적 정체성이 형성된다. 이렇게 집단적 자아는 특정 법제도와 그 권위에 의한 삶의 방식의 규율을 지속하면서 특정 정치 공동체의 경계를 창출한다. 나아가 이러한 집단적 자아는 정치공동체 경계 바깥의 새로운 타자를 맞이하게 된다. 이제 특정 정치공동체는 외국인이라 불리는 타자들을 맞이할 수밖에 없는, 보다 거대한 차원에서의 환대의 현실과 마주한다.

개인적 자아의 삶에서 타자를 맞이하기 위한 조건이 마련되어야 했던 것처럼, 집단적 자아의 차원에서도 '우리'만의 언어와 법을 통해 이방인들을 수용하기 위한 환대의 조건이 구축된다. 여기서 환대는 특정한 거처를 유지하고자 하는 주인으로서 자아와 그 거처 바깥의 손님으로서 타자와의 상호작용이 지닌 정치적 문제성을 드러낸다. 즉 정치적 존재들이 각자의 경계를 넘어 때론 주인으로 때론 손님으로 서로를 조우하면서, 타자를 향한 열림과 닫힘이 병존하는 모순적 현실과 마주하는 것이다. 이때 서로 다른 존재들 간의 무한한 어울림의 가능성은 특정한 정체성과 정치적 조건의 유지를 수반한 현실 속에서 스스로를 드러낸다. 공생의 실현은 결국 무조건적 환대와 조건적 환대 사이의 긴장, 서로를 끊임없이 지연(deferring)시키는 실존의 관계맺음과 법체제화 사이의 역동적 줄다리기를 거치게 되는 것이다.

V 환대와 공생: 공동체 구성의 현실적 기반이자 신성한 원리

결국 환대는 서로 분리된 개별자들이 다름 속에서 안정적으로 공생할 수 있는 공동체 구성의 현실적 기반을 드러낸다. 환대의 표피적 의미는 주인과 손님의 관계이다. 각 인간 존재는 세상 속 자신만의 영역을 필요로 하고 자아의 거처는 정치공동체의 형성을 통해 집단적 차원으로 확장된다. 그러나 각 개인 혹은 집단은 특정한 영역의 주인으로서 스스로의 존재를 유지하고자 하는 이기적 욕구에 의해 필연적으로 한계지워진다. 그리고 이기적 자아는 스스로의 한계 바깥을 넘는 순간 또 다른 개별자 혹은 공동체의 영역에 들어선 이방인이 되어 버린다(Derrida 2000, 35). 그럼에도 인간 존재는 동일성의 유지와 더 나은 존재 방식의 추구 속에 자신의 경계를 넘어 끊임없이 타자를 욕망해야 한다. 이기적 자아는 무한한 욕망의 발현 속에 하나의 타자로서 또 다른 타자를 맞이하게 되는 것이다.

주인과 손님 관계의 역전가능성을 담은 환대의 사유는 인간 존재가 벗어날 수 없는 필연적 이방인성, 즉 타자로서 서로를 맞이해야만 하는 실존적 상황을 드러낸다. 결코 다른 존재들과 완벽히 동질화될 수 없는 세상 유일한 존재로서 각 개인은 삶의 시작에서부터 끝에 이르기까지 타자의 환대를 요청한다. 그리고 공동체가 창출되고 지속되게 하는 신성한 원리로서 환대는 개별적 인간의 삶과 죽음 너머에서 이미 작동하고 있다. 즉 환대는 유한한 인간 존재의 일상적 공생 자체를 가능하게 하는 초인간적(above-human) 기반, 즉 신성성의 의미를 내포한다. 타자(the other)의 존재는 개인적, 집단적 자아가 결코 포섭할 수 없는 경계 바깥의 존재라는 의미에서 우월하며 신성하다(Levinas 1969, 39, 78-79). 그러나 환대가 지닌 신성성의 함의는 단지 종교적 교리나 초자연적인 함의를 지닌 것이 아니라, 정치적 존재로서 인간이 지닌 열림과 닫힘의 긴장성으로 표현된다. 즉 환대의 원리는 인간관계의 기반으로서 현실의 갈등과 충돌 속에서도 그 지울 수 없는 흔적을 드러내고 있으며, 좌절 속에서도 타자와의 공생을 계속 추구하게 하는 존재의 신성한 법도(law)로서

작용한다(Derrida 2000, 79).

환대의 법은 이미 한 생명의 탄생 과정에서부터 그 실존적 작용을 보여준다. 서로 다른 개별자로 살아오던 남성과 여성은 처음에 낯선 이들로서 조우한다. 그리고 타자로서 서로의 다름을 이해하고 만남을 이어가게 되고 서로의 자리를 조금씩 내어주며 사랑하게 된다. 이렇게 타자를 환대하는 과정으로서 사랑의 노력은 마침내 평생 서로의 자리를 공유하는 가정의 구성으로 이어진다. 그리고 이러한 타자들 간의 환대와 사랑의 결실은 아이라는 또 다른 제3의 타자의 안정적 탄생과 양육을 가능하게 한다(Levinas 1969, 267). 이처럼 한 인간의 성장은 세상에 적응을 위해 타자의 환대를 우선적으로 필요로 한다. 이때 환대의 경험이 부족하게 되면 개별자는 자신만의 경계 안으로 숨으려만 하고 이기적 욕구에만 극단적으로 매몰되기 쉽다. 고립된 자아는 종종 세상을 왜곡된 관점으로 바라보고 타자를 폭력적으로 대상화하게 된다. 따라서 환대는 공동체 속에서 개별적 존재들 간의 공생을 준비하기 위한 교육의 지속적 기반이 된다. 시민들이 어릴 적부터 타자를 맞이하려는 일상적 대화와 소통의 시도에 익숙하게 될 때, 공생사회 실현의 굳건한 주춧돌이 마련된다.

환대가 인간 존재의 탄생과 유지의 기본적 원리인 만큼 지구상에서 인간의 삶의 끝인 죽음에 단계에서도 마찬가지로 적용된다. 환대는 단지 살아있는 자들만의 관계가 아니다. 인간 존재는 이승을 등졌지만, 자신의 삶에서 소중한 존재들 혹은 정치공동체의 유지를 위해 헌신한 존재들을 위한 추모의 자리를 마련하고자 한다(김현경 2016, 256). 살아있는 인간 존재는 죽은 이들을 위해 자신이 속한 이 세상의 한 자락이라도 내어주어 환대하고 영원한 안식을 기원한다. 따라서 정치공동체 내에서 비록 출신을 알 수 없는 이방인일지라도, 세상 떠난 이를 어느 영역에 고이 모시는지의 문제는 살아있는 자들의 중요한 이슈가 되기도 한다. 이렇게 낯선 이국땅에서 죽은 이를 인종, 국적, 출신에 상관없이 자릴 내주어 예로서 대하고자 하는 행위는 세속적 삶의 경계를 초월한 환대의 신성성을 드러낸다.

죽은 이를 위한 환대의 행위에서 중요한 것은 그 존재의 특정한 배경이나 정체성이 아니다. 가까운 존재이든 낯선 존재이든, 추모의식에서 중요한 것은 우리가 모호하게나마 떠올릴 수 있는 타자의 '얼굴'이다. 죽은 이에 대한 환대가 보여주는 인간 존재의 가능성은 결국 개별자가 마주하며 소통할 수 있게 하는 타자의 얼굴이 지닌 초월적 의미를 통해 표현된다(Levinas 1969, 50). 얼굴은 특정한 공동체의 영역과 시대를 초월해 존재 자체의 개별성과 대화를 통한 연결성을 동시에 재현한다. 개별자의 얼굴이 표현하는 존재의 독특성과 환대의 열린 가능성은 개별자의 탄생과 죽음 이후에도 지속되는 타자를 향한 신성한 맞아들임과 공생의 필연성을 보여준다. 결국 환대는 삶과 죽음 모두를 아우르는 얼굴의 초월적 의미를 통해 결코 사라지지 않는 타자와의 관계성과 공생의 가능성을 통찰하게 한다.

VI 결어: 환대의 정치와 공생사회의 디자인

진정한 환대는 내가 결코 완전히 통제하거나 포섭할 수 없는 다른 이들의 존재(타자성)를 직시하는 것에서 출발한다. 환대의 관점에서 타자는 자아보다 우월하다. 내가 주인됨의 영역을 유지할 수 있는 범위는 무한하지 않고 언제나 특정한 울타리의 한계를 보일 수밖에 없다. 반면 그 울타리 밖 타자의 존재와 그 움직임은 무한하다. 진정한 자유는 나의 울타리 넘어 타자에 열린 대화와 소통의 시도 속에서 자아의 욕망을 다른 이들과 함께 추구해나갈 때 비로소 가능한 것이다(최진우 2018, 26-27).

세상에서 하나의 독립적인 개별자로서 자유로운 삶의 방식을 제대로 유지하기 위해서는 나의 주인됨이 타자의 존재 앞에 이미 한정된 현실을 깨닫는 것이 중요하다. 나의 주인됨은 손님을 맞이하는 데서 비로소 실현된다. 그리고 내가 손님의 입장이 되어 낯선 영역에서 환대받을 때 차후 나의 주인성도 제대로 유지될 수 있다(이병하 2017, 66). 따라서 인간 존재가 처한 환대의 현실은 자아가 독자적인 기준으로 결코 지배할 수 없는 우월한 타자를 함부로 파괴, 배제, 규제하려는 시도의 허상성을 드러낸다.

정치공동체의 지속가능한 평화를 위해서는 내외부의 타자를 억지로 통합하거나 동질화하려 할 때 벌어질 문제들에 미리 신중하게 대처하는 자세가 중요하다. 공생의 리더십은 이렇게 타자에 대한 환대가 결여될 때 발생할 수 있는 모든 위험성과 폭력성의 문제를 통찰하고 이에 따른 일상적 법제도를 마련한다. 타자 지향적 법치는 특히 특정 공동체에서 종종 제한되거나 왜곡될 수밖에 없는 환대의 일상적 규정들을 진단하고 끊임없이 개선할 수 있는 리더십에 의해 추동되어야 한다. 타자 지향적 리더는 분리된 개인과 집단의 욕구에 내재한 이기성의 현실을 직시한다. 동시에 이 리더십은 이기주의의 현실적 한계를 제시하고 공동체 내외부의 타자들에 환대하고 공생하는 삶의 중요성을 일깨우는 사람이다.

나아가 공생의 리더십은 타자를 향한 실존의 열림이 특정한 정치공동체의 법제도만으로 규정되어질 수 없음을 깨닫는 신중함을 겸비한다. 즉 공생의 리더는 개인들이 공동체의 삶 속에서 필연적으로 맞이할 수밖에 없는 소수자, 이방인 등 타자의 존재를 법적으로 규정하고 보호하는 데 그치지 않는다. 오히려 법제도 자체의 한계를 인식하며, 타자를 향해 열린 법체제의 지속적 개선을 통해 각 존재가 서로의 차이에 익숙하게 되는 사회적 삶의 디자인을 추구하는 것이다. 따라서 환대의 정치는 법체제를 개선함에 있어 공동체의 구성원이 서로의 다름을 자연스레 대면할 수 있는 일상적 어울림과 교류의 방향을 제시한다.

공생의 사회적 디자인은 어떻게 분리된 개별자들이 이기적 욕구를 추구하는 와중에도 안정적인 대면과 소통경험을 통해 환대의 가능성을 높일 수 있는지에 대해 끊임없는 사회적 고민과 대화의 계기를 마련한다. 이 과정에서 개별자들이 자신의 차별화된 의사를 공적 계기를 통해 표현할 수 있는 포용적 정치 참여의 기회를 제공하는 것은 필수적이다. 특히 인간적 욕구의 기본이 되는 경제적 활동에서 파생되는 노동, 소유와 분배 문제의 해소에 있어 서로 얼굴을 맞대고 다른 시각들을 경험하고 토론할 수 있는 일상적 자리의 마련은 열린 사회적 정의의 실현에 있어서 매우 중요하다. 궁극적으로 환대의 정치는 공동체의 구성원들이 서로의 차이와 다름을 동질적 기준으로 통합하기보다, 반복되는 대면과 소통을 통해 타자성을 정치적 삶의 방식으로 자연스럽게 수용하는 방향을 추구한다(도종윤 2017, 103 – 104).

환대의 리더십과 법치 원리를 따르는 공생사회는 또 다른 정치공동체와 이방인에 일상적으로 열려 있는 삶의 문화를 추구한다. 인위적인 사회통합의 논의보다, 개인들의 취향과 습관의 차이에 대한 존중이 더 중요한 이슈가 되는 문화는 타 문화에 대해서도 배타적이지 않다. 결국 이러한 삶의 방식은 특정한 정치공동체 속에서 형성된 문화들 간의 차이를 이해하는 시민성(civility)의 형성으로 이어진다. 이에 따라 환대의 정치가 지향하는 대면소통 지향의 문화는 일상에서 타자의 존재를 맞이하고 대화를 시도하는 시민 교육의 방향을 추구한다. 이렇게 육성된 타자 지향적 시민성은 자문화의 중요성을 잃지 않으면서, 문화 간 대화의 필연성을 자연스레 받아들이는 시민 문화를 형성한다.

이렇게 형성된 환대의 정치공동체는 다름이 일상화된 공생의 사회를 지향한다. 공생사회는 억지로 문화 간 평등과 공존을 강조하지 않는다. 다원성 속에서 다양한 문화가 접촉하고 때론 일상적 충돌을 빚는 일은 피할 수 없다. 그러나 공생사회에서는 타자들 간의 활발한 상호작용과 갈등이 폭력적 충돌로 치닫지 않고, 소수자의 문화가 언제든 주목받고 주류화 될 가능성이 살아 숨 쉰다(Gilroy 2006, 40). 즉 공생사회 속에서는 인종·종교·성정체성 등의 차이를 인위적으로 해소하는 동일성의 추구가 아니라, 서로의 타자성이 심각한 정치적 균열의 요소로서 불거지지 않는 사회적 분위기가 형성된다.

따라서 환대의 정치는 타자들 간의 조우에서 비롯될 충돌과 갈등을 억지로 제거하기보다, 이것이 타자 지향적 법치와 일상적 어울림을 통해 안정적으로 표출되게 한다. 환대의 리더십은 개별자들 간의 역동적이고 생생한(convivial) 관계맺음 속의 긴장성을 수용할 줄 아는 공생의 도시를 추구한다(김수철 2017, 16-17). 이에 따라 시민들이 법제도의 현실적 가능성과 한계를 인식하면서 일상 속에서 환대의 가능성을 꾸준히 지향해나갈 때, 비로소 더 나은 공생사회(convivial society)의 비전이 드러날 것이다.

참고문헌

김수철. 2017. "공생과 타자: 초국가 이주 시대에 도시 공간 이론에 관한 재고 찰."『문화와 정치』제4권 2호, 5－46.

김현경. 2015.『사람, 장소, 환대』. 서울: 문학과지성사.

도종윤. 2017. "'환대'개념의 국제정치학에의 적용과 한계:이방인에 대한 존재의 윤리와 정치적 전략."『문화와 정치』제4권 2호, 73－109.

이병하. 2017. "환대의 개념과 이민정책: 이론적 모색."『문화와 정치』제4권 2호, 47－72.

이상원. 2017. "데리다의 환대 개념의 정치적 긴장성: 고대정치철학적 해석과 사유를 중심으로."『한국정치학회보』제51집 4호, 5－23.

이상원. 2018. "이기성의 끝 그리고 환대: 레비나스의 타자 개념과 경제적 존재성 이해."『철학연구』제57집, 33－64.

최진우. 2018. "환대의 윤리와 평화."『다양성의 시대, 환대를 말하다』. 서울: 박영사.

Derrida, Jacques. 2000. *Of Hospitality*, translated by Rachel Bowlby. Stanford: Stanford University Press.

Gilroy, Paul. 2006. "Multiculture in Times of War: An Inaugural Lecture Given at the London School of Economics." *Critical Quarterly* 48(4): 27－45.

Heidegger, Martin. 1962. *Being and Time*, translated by J. Macquarrie and E. Robinson. New York: Harper & Row.

Levinas, Emmanuel. 1969. *Totality and Infinity*, translated by Alphonso Lingis. Pittsburgh: Duquesne University Press.

제2부

이주와 환대:
이주노동자와 난민

제4장

이주노동자와 '얼굴' 마주하기

한준성

Ⅰ 들어가는 말

30여 년 전 이주노동자들이 본격적으로 한국땅에 발을 디딘 이후, 한 세대를 거치며 그들과의 공존은 어느덧 일상의 풍경이 되었다. 그렇지만 그간 우리는 이주노동자의 '얼굴[1]'을 제대로 마주한 적이 있었는가. '인력'이기 이전에 '사람'인 이들의 목소리에 얼마나 귀를 기울여 왔는가. 사실 이런 질문이 무색할 만큼 이들의 호소와 열망, 그리고 잠재력에 대

---

[1] 여기서 '얼굴'은 타인의 직접적인 호소를 뜻하는 상징적 표현이다. 철학자 에마뉘엘 레비나스(Emmanuel Levinas)에 따르면 타인은 우리에게 얼굴로서 호소함으로써 동시에 '명령'하는 존재이다. '명령'인 까닭은 우리가 이들의 호소에 응답해야 할 '책무'를 느끼기 때문이며, 그렇기에 타인은 우리보다 '높은' 존재로 다가오는 것이다(문성원 2018).

해 한국사회의 눈과 귀는 열려 있지 ·않았다. 스티븐 캐슬스(Stephen Castles)의 표현을 빌면 "노동을 수입하면서도 사람을 받아들이지 않으려 했다."(Castles 2006, 742). 물론 모든 이주노동자들이 늘 환대 결핍의 상태에 놓여 있었던 것은 아니었다. 일련의 제도 변화도 뒤따랐다. 그렇지만 전반적인 상황은 결코 낙관적이지 않다. 이에 이 장은 1장에서 제시한 공생육모의 분석틀을 적용하여 이주노동자와의 공생을 위한 조건들에 대해서 이야기해보고자 한다.

Ⅱ 법의 경계, 이주노동자의 자리

오늘날 한국사회에는 많은 이주노동자들이 이방인으로 살아가고 있다. 그냥 이방인이 아니라 특정한 유형이나 범주의 이방인으로 인식되고 호명되는 이방인들이다. 법은 바로 그러한 인식과 호명의 결정적 요인들 가운데 하나이다.

법이 정의 실현보다는 자국민 중심주의라든지 처벌 중심의 강제성에 갇힐 때 이주노동자와 한국사회의 공생을 위한 토대는 모래성처럼 부실해질 수 있다. 이를테면 이주노동자와 관련된 정책에서는 으뜸 원칙이라고도 말할 수 있는 '정주화 금지'(=체류 일시성)의 원칙에 대한 고착된 접근은 이주노동자와 함께 지속적으로 어울리며 살아갈 수 있는 가능성을 제약할 뿐만 아니라 이들의 지위를 불안정하게 만듦으로써 기본적 권리를 제약할 수도 있다. 이주노동자에 대해 임금을 차등적으로 지급하는 아이디어를 둘러싼 논란 역시 이와 무관하지 않은 현상이다.

그렇지만 정반대로 법이 인권과 정의에 기반을 둘 때 이주노동자에 대한 차별과 혐오의 굳건한 방패막이 될 수 있음을 간과해선 안 된다. 법은 '차이'를 '다양성'의 가치로 끌어올리면서도 모두가 사람으로서의 공통된 존엄을 갖는다는 점을 일깨우는 교육적 기능을 수행할 수도 있다. 이 경우 법치는 이주노동자에 대한 차별 관행을 해소하고 포용적 연대를 뒷받침하는 역할을 수행할 수 있다. 또한 환대가 사회 내에서 이방인이 '자리'를 갖도록 하는 것이라고 볼 때(김현경 2016, 193), 법치는 자리의 가장 중요한 요소인 기본적 권리를 인정하고 보호해준다는 점에서 환대평화의 결정적 요소로 기능한다.

하지만 한국사회에서 이주노동자에 대한 환대의 법제화 수준은 제한적인 편이다. 2018년도 이주민 환대지수의 권리 영역에서 한국은 23개 조사대상국 가운데 21위에 머무르고 있는 것으로 나타났다(제8장 내용 참조). 다른 이민국들과 비교할 때 법적 공백이 그만큼 크다고 볼 수 있다. 이주노동자와 관련된 대표적 법률인 '외국인근로자의 고용 등에 관한 법률'의 목적 조항(제1조)에서 권리에 관한 부분이 아예 누락된 사실은 그러한 법적 공백의 현실을 상징적으로 보여준다.

실제로 지난 30여 년간의 이주노동의 역사를 돌이켜 볼 때 법은 왕왕 한국사회와 이주노동자의 공생을 위한 기회를 제약하는 방식으로 기능했다. 예컨대 1990년대에 단순기능직 이주노동자의 국내 취업을 금지한 출입국관리법령을 중심으로 한 한국의 법체계는 대다수 이주노동자를 '불법' 체류, 즉 미등록 상태에 놓이게 만든 핵심 요인이었다. 한마디로 '불법성'이 법적으로 생산된 셈이다(한준성 2018a, 50).

이처럼 법 때문에 많은 문제점들이 발생한 것은 사실이다. 그렇지만 법을 생략하고서 이주노동자와 한국사회의 공생을 논할 수는 없다. 실제로 법의 문제점에 대한 지적 역시 결국은 법에 대한 논쟁이자 요구였다. 그것은 국민 대 외국인의 고착된 경계에 갇히기보다는 이주노동자를 포함한 사회구성원 모두의 기본적 권리 보호와 법 앞에서의 평등과 같은 보편적인 헌법 원칙에 보다 부합할 수 있게 법제를 바꾸고자 하는 바람의 표출이었다.

물론 '법을 통한 공생'에 대한 과도한 기대나 낙관은 금물이다. 무엇보다도 이방인에 대한 환대의 법제화는 '조건성'의 구속에서 벗어날 수 없다. 이것은 아무리 좋은 제도가 마련되었다고 하더라도 그것이 이방인 모두를 포용할 수는 없다는 말이다.

이러한 사실은 '범주의 딜레마'를 야기한다. 즉, 이주노동자와 관련된 법의 적용 범주가 이전에 비해 아무리 포용적으로 변했다고 할지라도 여전히 해당 범주에 포함되지 못하는 일군의 이주노동자들이 남아 있을 수밖에 없다. 이를테면 아무리 전향적인 법개정이 이루어졌다고 할지라도 합법적 체류자격을 법 적용대상의 기준으로 설정하는 한, 미등록 상태에 놓인 이주노동자들은 그 경위를 불문하고 문밖에 서 있는 존재로 살아갈 수밖에 없다. 그렇기에 법을 통한 공생은 법의 영역에서 이들의 실존에 대해서 끊임없이 환기시키는 노력을 요청한다.

물론 현실 여건을 충분히 고려하지 않은 상태에서 환대의 법제화를 강변하는 것은 무책임한 일일 수 있다. 그렇지만 현실 여건을 구실로 공생사회 실현이 불가능하다는 식의 회의주의에 빠지게 된다면 혐오 정치에 길을 터줄 수 있다는 점에서 더욱 위험하다. 공생의 법적 기반을 확장하기 위한 실천 과제는 잠재적 환대의 역량을 확인하고 키워가려는 다방면에서의 복합적 시도들이다. 그런 점에서 법치 뿐 아니라 공생육모의 다른 요소들을 함께 살펴보아야 한다.

III 참여의 공간, 이주노동자의 목소리

2013년 10월 14일, 헌정사상 최초로 국회 국정감사 자리에 이주노동자들이 출석했다. 이들은 짧은 시간이었지만 자신의 목소리로 이주노동 현실을 증언했다. 이주노동자가 한국사회에 본격적으로 유입되기 시작한 이래 사반세기가 지난 시점에서야 이루어진 당사자의 국감 증언이었다. 이들의 공적 발언은 역설적이게도 얼마나 오랫동안 이주노동자의 목소리가 공적 영역에서 침묵되어왔는지를 웅변적으로 보여주었다.

공생의 원리에 기반한 정치참여가 가능하려면 경계의 가장자리 혹은 그 바깥으로 밀려난 이주노동자들의 목소리가 경계 안에서 들려야만 한다. 시혜주의의 발로가 아니라 민주주의 정치의 원칙을 실천하는 것이다. 즉, 국가의 법제도나 공권력 집행에 의해 자신의 권익이 영향을 받는 모든 사람들은 그러한 법제나 행정이 결정되는 과정에 참여할 권리를 보장받아야 한다. 이주노동자와 한국사회의 공생을 위한 논의에서 생략할 수 없는 부분이다.

누군가는 우려 섞인 어조로 반문할 수 있다. 이주노동자의 정치참여가 자칫 이들의 존재를 사회적으로 가시화시킴으로써 역풍 현상을 야기할 수 있다고 말이다. 물론 신중한 자세는 필요하다. 그렇지만 당사자가 공론의 영역에서 자신을 표현할 기회를 박탈당한 채 부정적으로 정형화되는 상황이 지속될 경우 발생할 인권 침해와 사회적 배제, 갈등과 충돌의 상황을 먼저 떠올려야 한다. 특히 이주노동자의 공적인 자기표현의 기회는 한국사회가 이들의 얼굴을 있는 그대로 마주하고 경청할 수 있는 기회가 된다는 점에서도 중요한 가치를 지닌다.

이처럼 이들의 호소를 경청하는 것은 정치참여의 핵심이다. 그렇지만 달리 보면 그것은 정치참여의 끝이 아닌 출발점이다. 정치참여는 상호 대면과 어울림의 과정으로 상승하는 과정으로 이해되어야 한다. 이를 위해서는 다양한 수준에서 실질적인 참여 공간을 확보함으로써 이주노동자들과 한국사회 모두 소통 기회에 대한 접근성을 높여야 한다.

여기에서 정치참여는 중앙정부와 지방정부의 (자문)위원회, 공청회, 공개 토론회, 집회와 시위, 캠페인, 민원, 청원, 노동조합, 온오프라인 커뮤니티 활동 등 다양한 방식으로 이루어질 수 있다. 한마디로 '참여 다양성'이 중요하다. 어떤 참여의 형식도 애초부터 공적인 토론과 표현의 적합한 대상에서 배제되어서는 안 된다. 또 다른 한편으로 참여는 당사자의 직접 출석에 국한되지 않고 대표(代表) 관계를 통해서도 이루어진다. 그렇기에 이주노동자의 권익이라든지 이주노동 관련 정책에 관한 시민사회단체의 관점도 포용적 정치참여에서 빼놓을 수 없는 부분이다.

그렇다면 한국사회의 지난 이주노동 역사에 나타난 정치참여의 특징은 무엇인가. 한마디로 '참여 부재'와 '대표 결핍'으로 요약될 수 있다. 이러한 특징은 다시 정책 영역과 시민사회로 나누어 살펴볼 수 있다.

우선 초기 이주노동정책은 대체로 공론과 유리된 행정 영역의 폐쇄적 논의를 통해 결정되어 왔다. 이주노동자는 이 과정에서 어떠한 참여 공간도 인정받지 못했다. 각종 협의체나 위원회 구성은 행정 관료들 비중이 높았고, 의사결정에서 이주노동자의 참여나 대표는 결핍되었다.

물론 이후 단체추천 산업연수생제도 폐지, 고용허가제 시행, 이주노조 합법화, 지자체 조례 제정 등 일련의 변화를 거치면서 이주노동자의 참여와 대표의 기회가 제한적 수준에서나마 개선되었다. 그럼에도 불구하고 전반적인 경향에는 큰 차이가 없어 보인다.

시민사회 수준의 정치참여 역시 반추가 필요해 보인다. 실제로 당사자와 활동가들은 그간 다양한 의견을 개진해 왔다. 前이주노조 위원장 미셸 카투이라가 말한 것처럼 "누군가의 지시에만 따르는 것은 이주노동자들의 자율권과 행동력을 재고시키지 못한다"며 당사자 관점을 강조하는 목소리(장서연 2013, 138), 선교를 우선시하는 접근이나 복지 중심의 시혜주의를 지적하는 목소리, 지원단체 운영의 관료화나 위계화를 경계하면서 보다 수평적인 대표 관계를 요청하는 목소리가 대표적이다.

이러한 목소리들은 대표자의 '책임성' 제고와 이주노동자의 '주체성' 회복에 대한 요구로 압축된다. 물론 간단히 해결될 수 있는 과제들이 아니다. 참여와 대표의 과정에서 이주노동자의 다양한 문화적 욕구와 정치적 열망을 있는 그대로 마주하고, 소통하고, 인내하며, 합의를 이끌어내는 과정들을 건너뛸 수 없기 때문이다.

Ⅳ 리더의 시선, 혐오정치에 대한 방벽: 정치가와 로컬 리더십

리더십은 법치, 정치참여와 더불어 이주노동자와의 공생을 위한 정치적 기반을 구성하는 또 다른 요소이다. 여기서 '리더십'은 '리더'와 동의어가 아니다. 리더십은 리더가 대중과 맺는 관계의 성격에 관한 것이다. 이런 점에서 자신과 대중의 관계를 반추할 수 있는 역량이야말로 좋은 리더의 우선적 덕목이라고 볼 수 있다.

특히 이 책의 핵심 주제이기도 한 '환대평화'의 눈을 가진 지도자라면 자신의 리더십에 대한 평가에서 다양성과 포용성을 핵심 기준으로 삼을 것이다. 이같은 리더십은 민족, 종족, 종교, 언어 등 문화적 차이를 악용하여 '문화적 타자'를 만들어내는 선동정치가 부상하는 상황에서 더욱 절실하다. 특히 문화다원주의와 문화 간 대화에 대한 지도자의 확고한 신념은 혐오정치에 대한 방벽이 될 수 있다.

이상의 내용을 이주노동자 이슈와 연결시켜보면 두 차원의 리더십을 이야기할 수 있다. 하나는, 이주노동자 이슈에 관하여 지도자가 일반 대중과 소통하는 측면이다. 다른 하나는, 이주노동자 (지원)조직에서 대표자와 이주노동자가 형성하고 있는 관계의 성격에 관한 것이다.

전자의 경우 특히 정치가의 역할이 중요하다. 예컨대 노무현 대통령을 떠올려 볼 수 있다. 한국에서 이주노동정책은 처음부터 생산성과 치안을 중심으로 설계되고 운용되었다. 그러다가 참여정부 시기에 들어서 이러한 패턴에 균열이 발생하고, 고용허가제 도입 등 일련의 커다란 제도 변화가 나타났다.

물론 권리 보호의 제도화 수준은 여전히 낮은 편이었다는 점에서 과대평가는 경계해야 한다. 그렇지만 산업연수생제도가 중심이 되던 시기와 비교할 때 커다란 진전이 있었음을 부인할 수는 없다. 특히 이러한 변화는 제도적 힘을 가진 권력자의 세계관이나 신념과 결코 무관하지 않았다. 노 대통령의 아래 발언은 이주노동자에 대한 그의 인식과 신념의 일면을 보여 준다.

'합법'은 아니고 '불법'인데, '불법'이지만은 또 돌봐줘야 되고, 이런 아주 어려운 것이 외국인노동자정책이었습니다. … 여러 차례 우리가 논의를 했는데 결국 점차적으로 우리 이민법을 완화해서 **한국에 와서 오래 노동한 사람들이 한국 국민으로 함께 어울려 살 수 있게 해야 되지 않느냐,** 그래서 우리 이민정책을 새로 한번 다듬어보자, 이렇게 지금 쭉 준비하고 있는데 …(충북 청원군 현도면 주민한마당 행사 발언(2006/05/25))

그렇지만 노 대통령의 이러한 인식마저도 주류 정치권에서는 희귀한 것에 가까웠다. 결국 이주노동자 이슈에 대해서 정치 엘리트 집단이 보여준 사고의 외연은 이들과 한국사회의 접촉과 교류, 그리고 어울림의 공간 만들기의 중요성에 대한 이해로까지 확장되지 못했다. 오히려 무슬림 이주노동자에게 테러리스트 혐의를 덧씌우거나 이주노동자에 대한 최저임금 차등 지급을 제안하는 등 정반대의 모습을 보이는 경우가 적지 않았다.

한편 시선을 국가에서 시민사회로 돌리면 로컬 리더십의 중요성이 시야에 들어온다. 여러 논점들을 안고 있기는 하지만 안산시에서 추진되었던 '국경 없는 마을' 프로젝트라든지 여러 지자체에서 일어난 이주민의 인권 및 문화다양성 관련 조례 제정 운동이 대표적인 사례들이다. 지역에서 오랜 기간 이주노동 문제와 씨름해온 활동가들의 역할이 결정적이었다. 이러한 실험들은 이견과 갈등, 그리고 좌절의 경험에도 불구하고 이주노동자와의 공생을 위한 동력을 유지하고 대안적 아이디어를 제시하는 데 기여했다.

그러나 이러한 시민사회의 자발적이고 창의적인 시도가 국가 영역으로 매개되지 않는다면 한계를 노정할 수밖에 없다. 결국 새의 두 날개처럼 국가 수준의 리더십과 시민사회 수준의 리더십이 상호 매개될 때 혐오나 선동 정치에 대한 공생의 방벽을 굳건히 할 수 있다.

물론 이 경우에도 과대평가는 금물이다. 리더십 기반이 어느 정도 갖추어졌다고 해도 그것은 어디까지나 공생육모의 한 요소이다. 그렇지만 한 가지는 확실하다. 최소한의 리더십마저 결여된 사회에서는 다른 조건들이 아무리 우호적이더라도 지속가능한 공생의 토대를 다지기 어렵다.

Ⅴ 사회 정의, 희생양삼기 정치의 보호막: 계약주의 사고와 역차별론

빈부 격차가 심화되고 계층이동성이 현격히 낮은 사회에서 이주노동자와의 공생을 기대하기는 어렵다. 그런 점에서 사회 정의는 이주노동자 공생의 또 다른 핵심 요소이다. 여기서 사회 정의는 '분배'의 문제에 국한되지 않고 '공정'의 차원을 포괄한다. 분명 분배적 정의는 사회 정의의 중요한 부분이다. 그렇지만 사회 정의의 문제를 분배의 이슈로만 보기에는 제도화된 지배와 억압의 구조를 해소하는 과제 역시 절박하다(Young 1990). 이처럼 '분배의 정의'와 '기회의 정의'는 사회 정의라는 수레의 두 바퀴인 셈이다.

그렇다면 불평등하거나 불공정한 사회 시스템은 어떻게 해서 이주노동자와의 공생의 사회적 기반을 손상시키게 되는가? 그 시작은 시민들의 불만이다. 교육, 노동, 복지 등의 영역에서 동등한 참여 기회를 누리지 못하거나 격차가 심한 사회에서는 시민들의 상대적 박탈감이 커지고 사회적 불만이 누적되고 확산될 공산이 크다.

이러한 대중의 불만은 사회 개혁을 위한 분노로 숙성되거나 시민행동으로 표출될 수도 있겠으나, 정반대로 극우 선동정치와 결합될 경우 국수주의적 경향과 사회적 약자에 대한 혐오, 그리고 희생양삼기의 정치를 낳을 수도 있다. 실제로 유럽에서는 진보정당과 보수정당 어느 편에서도 대변되지 못한 취약 노동계층의 불만이 극우주의 부상의 배경 요인이 되기도 했다. 특히 이같은 상황이 더욱 문제인 것은 애초에 사회적 분노를 유발했던 불평등/불공정 구조가 논의 과정에서 증발하게 되기 때문이다. 사회적 소수의 호소와 열망을 있는 그대로 마주할 수 있는 소중한 기회와 함께 말이다.

이같은 우려는 이주노동자의 경우에도 예외가 아니다. 희생양삼기의 정치로 인해 이주노동자에 대한 이미지는 악화일로를 걷게 된다. 이주노동자가 자국민 노동자의 임금을 떨어뜨리고, 일자리를 빼앗아가고, 복지 재정을 축낸다는 식의 경제적 타자화와 더불어 이들이 자국의 민족 정체성에 위협이 된다고 보거나 특정 종교를 가진 이주노동자를 잠재적 범죄자 취급하는 문화적 타자화가 공론을 심각하게 오염시킬 수 있다.

이주노동자에 대한 이러한 부정적 정형화와 관련해서는 다양한 논점들이 제기될 수 있다. 대표적으로 계약주의 사고를 꼽을 수 있다. 이것은 이주노동자가 모국 경제 규모에 비춰볼 때 큰돈을 벌어 귀환할 수 있기에 거주국에서 계약된 기간 동안 시민적, 사회적, 정치적 권리 결핍에 대해서 어느 정도 용인하기로 (적어도 암묵적으로) 동의했다는 사고이다. 그렇지만 시민권을 국민의 특권처럼 간주하는 분위기 속에서 강제노동과 강제추방 위협에 시달리는 많은 이주노동자들에게 과연 이러한 '계약'을 공정하다고 자신 있게 말할 수 있겠는가.

분배의 측면과 관련해서는 '역차별'에 대한 불만이 제기되곤 한다. 이를테면 이주노동자에게 제공되는 사회복지라든지 최저임금 지급 등이 국민에 대한 역차별이라는 식의 주장이다. 물론 분절적인 노동시장 하층부에서의 경쟁 심화라든지 전반적인 저복지의 현실을 고려할 때 이러한 감정적 반응의 맥락을 잘 헤아려보는 것은 필요하다. 하지만 분명한 것은, 그러한 역차별 담론이 이주노동자에 대한 차별과 혐오를 정당화하지 않을뿐더러 불만의 근본 원인을 해결하는 데도 실질적인 도움을 주지 못한다는 점이다.

이상의 논의와 관련하여 한 가지 더 생각해 봐야 할 것이 있다. 그것은 불공정하고 불평등한 사회 시스템이라고 해서 이주노동자에 대한 복지 쇼비니즘이나 희생양삼기 정치가 자동 발생하는 것은 아니라는 점이다. 공생육모의 틀에서 보자면 법치를 비롯한 여타 요소들이 그러한 경향을 억제할 수 있는 것이다. 그럼에도 불구하고 사회 정의의 기반이 취약해질 때 마음속에서 자민족 중심주의가 고개를 치켜드는 현상을 우려하지 않을 수 없다. 민족을 자연스러운 공동체의 단위로 상정하면서 '우리/민족/국민'과 '그들/이민족/외국인' 간에 경계의 벽을 세우는 경향이 지배적인 한 차별과 혐오의 정치는 늘 잠복해 있을 수밖에 없다. 그렇기에 보다 근본적으로는 발상의 전환이 필요하다. 마이클 왈쩌(Michael Walzer)가 단호한 어조로 강조했듯이,

시민들이 이주노동자들을 받아들이고자 한다면 성원권의 대상을 이들에게까지 확대할 준비가 되어 있어야 합니다. 만일 새로운 성원을 받아들이고 싶지 않다면 자국 노동시장으로부터 노동력을 충당해야 합니다. 이것이 민주시민에게 주어진 유일한 선택지입니다. … 모든 신규 이주민에게 시민권을 획득할 수 있는 기회를 부여해야 합니다. … [그렇지 않을 경우] 또 다른 형태의 폭정이 되고 맙니다(Walzer 1983, 61-62 [ ] 삽입).

Ⅵ '대면소통의 평화문화'와 '건설적 갈등문화'

스페인은 한국과 마찬가지로 후발 이민 유입국이다. 그렇지만 양국이 보여준 이민정책의 패턴은 사뭇 달랐다. 대표적으로 미등록 이주민에 대한 양국의 상이한 접근을 살펴보자. 먼저 스페인에서는 합법적으로 체류하지 않는 이주민이라고 하더라도 거주하는 지자체 인구센서스에 등록함으로써 기본적인 사회서비스의 혜택을 누릴 수 있다. 이뿐 아니라 2004년 3월 총선을 불과 3일 앞두고 마드리드 열차 테러 사건이 발생하여 안보 이슈가 불거진 상황에서도 보수 집권당을 누르고 대승을 거둔 사회주의노동당 정부는 이듬해 유럽 사상 최대 규모의 미등록 이주민 합법화 정책을 단행했다.[2]

이와 비교할 때 한국에서는 미등록 이주민의 출국을 한시적으로 유예해주거나 자진출국을 전제로 한 재입국 정책이 시행되는 수준을 넘어서보다 전면적인 합법화 조치가 시행된 적이 없다. 또한 이들의 사회보장체계 편입 수준은 극히 제한적이다. 정책 영역에 관용과 환대의 가치가개입할 여지는 매우 협소했다.

그렇다면 무엇이 이처럼 큰 차이를 낳았는가? 물론 다양한 요인들이복합적으로 작용한 결과이겠지만 가장 두드러진 차이는 '정치문화'로 보인다. 양국의 차이는 이주민 환대지수 조사 결과에서 보다 극명하게 드러난다. 측정 지표들 가운데 이주민에 대한 '개방도' 항목에서 스페인은상위권(5위)에 있는 반면 한국은 최하위인 것으로 나타났다(제8장 내용 참조). 물론 이같은 지표값의 차이가 양국의 현실을 정확하게 말해준다고단정할 수는 없다. 스페인을 우리가 따라야 할 모범 사례로 강변하려는

---

2) 총 691,655명이 신청했고 이 가운데 83.6%인 578,375명이 합법적 체류 및 취업 자격을 획득했다(한준성 2018b, 151).

것도 아니다. 핵심은, 한국사회에서 이주노동자와의 공생 수준을 끌어올리기 위해서는 정치문화의 개선이 절실하다는 점이다.

여기서 정치문화는 신념, 종족, 종교, 가치지향 등 다양한 요소들로 구성된 복합체로서 국가의 통치와 시민들의 집단적인 삶의 방식에 영향을 준다. 물론 이주노동자를 보는 시선에도 심대한 영향을 미친다. 그렇다면 이주와 다양성의 시대에 요청되는 정치문화는 무엇일까.

우선 인권의 바탕 위에서 문화다양성을 존중하는 태도에 기반을 둔 '평화의 문화'여야 한다. 이와 관련해 특히 중요한 것은 이주노동자 공생을 위한 정서적 토대인 '얼굴 마주하기'의 소통이다. 이것은 이주노동자를 자아중심적인 관점에서 재단하지 않고 얼굴로서 다가오는 이주노동자의 호소와 열망을 있는 그대로 경청하고 이해하려는 태도이다. 이같은 '대면소통 지향의 평화문화'는 이주노동 이슈에 대한 과도한 정치화나 안보화에 대처하면서 이주노동자에 대한 차별과 혐오의 방화벽을 제공해 준다.

그렇지만 그러한 평화문화가 잘 정착되었다고 하더라도 갈등과 균열이 사라지는 것은 아니다. 게다가 사회 정의의 기반이 쇠퇴하거나 선동가적 리더십이 득세를 하게 되는 경우처럼 이주노동자 공생의 다른 조건들이 악화될 수도 있다. 그런 점에서 이주노동자 공생을 위한 정치문화는 평화문화인 동시에 디터 젱하스가 제시한 바 있는 '건설적인 정치적 갈등문화'여야 한다(Senghaas 2007; 이동기 2013, 49). 사회적 소수의 처우나 권리와 관련해서 발생하는 갈등에 대해서 생산적으로 논쟁하면서 타협을 이루어낼 수 있는 능력이 사회적 가치로 받아들여질 때 이주노동자와의 공생 기반은 더욱 굳건해질 수 있다.

Ⅶ 문화다양성 존중과 문화 간 대화: 인터컬처럴리즘과 미디어 재현

이주노동자와 한국사회가 지속가능한 공생의 관계를 이어가려면 이주노동자에 대한 차별과 혐오를 조장하는 선동 정치에 휘둘리지 않아야 한다. 그러기 위해서는 시민교육의 역할이 특별히 중요하다. 여기서 시민교육의 핵심은 문화다양성의 가치를 존중하되 그것을 인간 존엄성의 토대 위에 두면서 문화 간 대화를 지향하는 교육이다.

보다 구체적으로는 디터 젱하스가 적절하게 제안했듯이 이주노동자가 지닌 문화적 배경을 단일한 정체성이 아닌 "다양한 복수"로서 이야기하고, 또 그러한 문화적 배경이 갖는 "다양한 현실, 즉 전체 스펙트럼"을 보는 것에 익숙해질 필요가 있다(젱하스 2007, 53). 이주노동자를 대하거나 떠올릴 때 특정한 문화적 범주나 표식을 가지고 함부로 재단해서는 안 된다. 그럴 경우 이주노동자의 존엄이 훼손되고 문화 간 대화의 사회적 토대도 침식된다. 뿐만 아니라 이주노동자의 '얼굴'을 마주하고 '문화다양성'의 가치를 체험할 수 있는 가능성마저도 위축된다.

그렇다면 문화 간 대화에 기반한 시민교육이 이루어지는 장소는 어디인가. 물론 아동과 청소년의 사회화에 주요한 영향을 미치는 학교가 가장 대표적인 교육의 공간일 것이다. 그렇지만 문화 간 대화가 시도되는 장소는 더 다양하게, 그리고 보다 확장적으로 이해될 필요가 있다. 그런 점에서 여기에서는 '지역사회'와 '미디어'에 주목해보고자 한다.

우선 이주노동자가 밀집한 지역에서는 이주노동자들에 대한 주민의 인식과 태도가 중요한 지역 현안이 될 수 있다. 상이한 문화적 배경을 지닌 이주노동자들의 유입은 지역의 문화다양성 수준을 높이는 데 기여할 수 있다. 하지만 그렇다고 해서 문화 간 대화와 소통, 그리고 창의와 혁신이 절로 이루어지는 것은 아니다. 정반대로 적절한 정책적 개입이 없는 상태에서 방치된 다양성은 우려의 대상이 될 수 있다.

이와 관련해서 리카르드 사파토-바레로(Ricard Zapata-Barrero)는 크게 세 가지 우려를 설명한 바 있다. 방치된 다양성은 첫째, 이주민에 대한 격리와 배제를 야기함으로써 이들의 사회 소속감과 참여 의욕을 떨어뜨리고, 둘째, 전통문화와 민족정체성에 위협이 될 수 있고, 셋째, 활발한 문화 교류를 통해 기대할 수 있는 혁신, 창의, 발전의 기회를 소실시킨다는 것이다(Zapata-Barrero 2015).

인터컬처럴리즘(interculturalism)은 바로 이러한 우려에 대한 응답으로 제시된 새로운 도시 이념이자 시민교육의 비전이다. 이민에서 비롯된 문화 다양성을 위협 요인이 아니라 긍정적인 기회로 간주함으로써 지역사회의 활력, 창의, 혁신, 성장의 원천으로 삼겠다는 발상이다(케이조 2017, 1). 이것은 이주민과 선주민의 상호접촉과 대면소통을 촉진시킴으로써 이주민을 지역공동체 형성 프로젝트에 참여하도록 만드는 전략이다. 이를 위해 특별히 중요한 과제는 이주민에 대한 편견을 줄이고 신뢰와 이해의 기반을 넓힐 수 있는 '어울림의 공간'들을 창출하는 것이다(Zapata-Barrero 2015, 11).

미디어 또한 문화 간 대화를 촉진하는 데 중요한 교육적 기능을 갖는다. 대다수 시민에게 이주노동자와의 직접적인 접촉면은 제한적인 편이다. 그렇기에 이주노동자에 대한 미디어 재현이 이들에 대한 시민들의 인식과 태도에 결정적인 영향을 미친다. 이주노동자의 실존을 이해할 수 있는 대안적이거나 복합적인 맥락을 충분히 살펴보지 않은 채 이루어지는 미디어 재현은 책임윤리를 비껴가면서 이주노동자에 대해 일면적이거나 왜곡된 표상을 만든다.

그간 이같은 문제의식 하에 의미 있는 대안 미디어 실험들이 이어져 왔다. 대표적으로 이주노동자 이슈를 공론화하는 '광장'으로서의 기능을 다하고자 했던 다국어 독립미디어 '이주노동자방송국', 동정과 편견이 아닌 당사자의 시선을 그대로 담아내려는 의도로 개국했던 '이주노동자방송(MWTV)', 성서공단 노동자·이주노동자·성서지역주민을 청취대상으로 하여 공동체라디오로 개국했던 '성서공동체FM' 등을 꼽을 수 있다. 이러한 아래로부터의 혁신적 실험들은 미디어의 비판적 성찰 기능의 회복과 시민사회의 인식 개선을 위한 소중한 자원을 제공해 주었다. 그럼에도 불구하고 주류 미디어의 전반적인 무관심과 침묵, 내지는 인습적 재현 방식에는 큰 변화가 없어 보인다.

Ⅷ 나가는 말

차별과 편견, 증오와 혐오는 결코 자연발생적이지 않다. 특히 사회적 소수에 대한 구조적 차별과 문화적 편견이 지속되고 있다면 그 사회에는 그러한 폭력을 끊임없이 재생산하거나 증폭시키는 기제들이 작동하고 있다고 의심해봐야 한다. 이 장에서는 바로 이러한 문제의식에서 무엇이 한국사회와 이주노동자의 공생에 걸림돌로 작용하고 있는지, 어떻게 하면 그것을 디딤돌로 바꾸어 놓을 수 있을지에 대해서 시론적 수준에서 이야기했다.

앞서 설명한 것처럼 어느 하나의 요인만으로 이주노동자와의 공생을 논할 수는 없다. 이주노동의 현실은 그 자체로도 복잡할뿐더러 한국사회와 다양한 방식으로 얽혀 있기 때문이다. 이것은 본 장에서 여섯 가지 요소들을 함께 살펴본 이유이기도 하다. 여기서 핵심은 여섯 요소들이 서로 밀접한 상호 영향 관계에 있다는 점이다. 우리는 이러한 복합적 구성의 관점에서 각 요소를 강화하거나 약화시킬 수 있는 요인들을 구체적으로 이야기해볼 수 있다. 또한 이러한 고민의 과정을 통해서 이주노동자뿐만 아니라 우리 자신의 얼굴을 새롭게 마주할 수 있을 것이다.

참고문헌

김현경. 2016. 『사람, 장소, 환대』. 서울: 문학과지성사.

문성원. 2018. "환대: 타자와 함께 하는 삶의 자세." 한양대학교 평화연구소 워크숍 발표문 (2018년 1월 22일).

Senghaas, Dieter 저. 이은정 역. 2007. 『문명 내의 충돌』. 서울: 문학과지성사.

이동기. 2013. "디터 젱하스의 평화론: 문명화와 복합구성." *OUGHTOPIA* 제28권 1호, 31－66.

장서연. 2013. "트랜스젠더 이주노동자 미셸 이야기." 김현미 외. 『우리 모두 조금 낯선 사람들』. 파주: 오월의봄.

케이조, 야마와키. 2017. "이민통합을 위한 새로운 비전: 인터컬츄럴리즘과 다문화 공생 2.0." 2017 한일이민정책심포지엄 자료집.

한준성. 2018a. "'불법'의 생산과 합법화 정책: 한국 이주노동정치의 사례." 『민주주의와인권』 제18권 1호, 43－68.

한준성. 2018b. "스페인의 이민정치: '불법성'의 생산과 2005년 합법화 정책." 『다문화와 평화』 제12집 3호, 133－157.

Castles, Stephen. 2006. "Guestworkers in Europe: A Resurrection?" International Migration Review 40(4): 741－766.

Senghaas, Dieter. Ewald Osers. trans. 2007. *On Perpetual Peace: A Timely Assessment*. NY: Berghahn Books.

Walzer, Michael. 1983. *Spheres of Justice: A Defense of Pluralism and Equality*. Basic Books.

Young, Iris. 1990. *Justice and the Politics of Difference*. Princeton University Press.

Zapata－Barrero, Ricard. 2015. "Interculturalism: Main Hypothesis, Theories and Strands." in Ricard Zapata－Barrero ed. *Interculturalism in Cities: Concept, Policy and Implementation*. Cheltenham, UK: Edward Elgar Publishing.

e영상기록관(http://www.ehistory.go.kr) 동영상 "노무현 대통령, 외국인 정책 재검토."

제5장

난민과 함께하는 '어울림'의 사회[1]

김새미

I   우리에게 난민이란

한국사회에서 '난민'이라는 존재는 심리적으로 상당히 거리가 있다. 우리와 동떨어져 있으며, '지금 우리가 난민에게까지 관심을 기울어야 하나?'하며 난민은 우리에게 속한 일이 아니라고 인식하기가 다수이다. 그러나 우리가 조금 떨어져서 객관적으로 난민들을 바라볼 수 있다면, 6.25와 같은 전쟁을 겪은 우리에게 과거에 존재했던 모습일 수도 있고, 다원화되는 사회로 가는 과정에서 나타난 우리 미래의 단면일 수도 있다.

---

[1] 본 장은 "문화예술을 매개로 한 난민에 대한 환대 가능성(김새미a 2019), 난민과 공생 (김새미 2020), 한국문화관광연구원 문화예술지식정보시스템(ACKIS) 문화돋보기(김 새미 2019b) 내용 일부를 발전시킨 글임을 밝혀둔다.

아마도 '난민'이라는 단어를 접해도 우리의 마음에 쉽게 와닿지 않는 점에는 여러 이유가 있을 것이다. 한국은 타국에 난민을 발생시킬만한 환경을 제공한 사건이 없었고, 국내에서도 인종이나 종교적인 이유로 나라가 분열된 적도 드물다(김새미 2020). 정규과목 교과서에서 '난민'을 다루지 않아서 우리가 그들의 모습을 제대로 바라보지 못하는 쉬울 수도 있고, 어쩌면 현재 내가 위치한 삶의 모습이 녹록지 않기 때문에 그들까지 돌아볼 여유가 없어서인지도 모른다. 이렇듯 최근 들어 인도적 지원에 대한 사회적 책임이나 보편적 권리, 인권에 대한 소양과 의식이 성장하게 되었지만, 한국사회에서 난민에 대한 관심은 여전히 낮은 편이다.

그러나 잠시 난민의 입장에서 생각해 본다면, 우리는 늘 있어왔던 자리에서, 자유롭게 말할 수 있는 권리도, 권리를 당당히 외칠 자유도 있으며, 우리를 응원해 줄 가까운 이웃도 있지만, 이들은 그들의 땅을 불가피하게 떠나, 그들의 말로 자유롭게 의사를 표출할 수도 없고, 그들을 선뜻 도와줄 마땅한 지인도 없으며, 오로지 자신들이 가지고 있던 모든 것들을 등지고 고국을 떠나온 사람들임을 깨닫게 된다.

그들을 측은하게 바라보자는 이야기가 절대 아니다. 다만, 우리도 때로는 삶이 어렵고 힘든 벽에 부딪힐 때, 주위 사람들의 응원과 격려 속에서 힘을 얻고 살아가듯이, 우리가 낯선 상황에 처한 다른 사람들의 이야기에 한번 귀 기울일 수 있지 않을까, 그들의 자리에 서서 생각해 보고 고민할 수 있지 않을까 하는 점이다. 그러기 위해서 그들은 누구인지, 그들이 놓인 환경은 어떠한지 살펴볼 필요가 있다. 왜냐하면 우리는 종종 그들을 '있는 그대로의 모습', '제대로 바라보기'보다는 종종 '난민'이라는 꼬리표를 붙여 그들의 모습을 재단하기 때문이다.

난민이란 "인종, 종교, 국적, 특정 사회집단의 구성원인 신분 또는 정치적 견해를 이유로 박해를 받을 수 있다고 인정할 충분한 근거가 있는 공포로 인하여 국적국의 보호를 받을 수 없거나 보호받기를 원하지 아니하는 외국인 또는 그러한 공포로 인하여 한국에 입국하기 전에 거주한 국가로 돌아갈 수 없거나 돌아가기를 원하지 아니하는 무국적자인 외국인"을 말한다.[2] 즉, 난민은 국가의 보호를 받지 못하는 매우 위태로운 개인으로, 정치·종교·재해·집단 등의 이유로 생명과 자유에 대해 위협을 느껴 "어쩔 수 없는 상황에" 본국을 떠나게 된, 더욱이 새로 도착한 국가에서는 공식적인 난민인정조차 불확실한 존재를 의미한다.

그럼에도 우리 사회의 현실은 '난민은 이러한 생각과 행동을 한다'고 규정해 버리고, 그들을 위협적인 존재로 재현하거나 피해자로 치부하고 난민의 삶을 살도록 방치한다. 무엇보다 편견은 과잉담론으로 확대되어 사회를 위협하는 불안요소로 인식되기도 하고, 상반된 입장의 집단 간 대립으로 사회의 분열과 갈등을 내포하기도 한다. 과연 우리는 난민과 난민문제를 어떠한 시선으로 바라보아야 하는 걸까? 난민의 정의를 가만히 숙고해보니, 난민과 난민신청자(이하 '난민'으로 통칭함)들이 고국을 떠나 난민신청 결정을 내릴 수밖에 없었던 각각의 개별적인 상황과 맥락(context) 안에서 이해하는 것이 바람직해 보인다.

이렇게 생각해 보면 어떨까? 지금 우리는 목숨 걸고 고국 땅을 떠나 표류하듯 이동하고 있는 '난민'은 아닐 수 있다. 그러나 사실 우리가 '난민'이라는 이름표를 갖지 않았을 뿐, 우리의 삶의 조각들을 살펴보면, 끊임없이 새로운 공간, 조직, 사회에 들어가기 위한 '속하지 못한 그들'일 수 있고, 막상 들어간 낯선 곳에서는 자리 잡기 위해 고군분투하는 한 사람인지도 모른다. 그래서 어쩌면 이들의 이야기에 귀를 기울이는 것이 다른 사람을 위해서가 아니라, 더 나은 나를 대하고, 잘 살아가는 나를 만나기 위함일 수 있다.

이러한 관점에서 우리는 이들을 '난민'으로 바라보지 않고 '동시대에

---

2) 난민법 제2조 정의

같은 공간에서 함께 살아가는 사람'으로 이들을 대할 수 있는지 스스로에게 질문을 던져보기를 제안한다. 그리고 그렇다면 우리는 무엇을 고민하고 마련해야 하는지 생각해 보고자 한다. '나'라는 개인에서부터 준비가 필요하겠지만, 사회에서 갖춰야 할 여러 시스템과 시민적 덕목 또한 중요할 것이다. 그러므로 다음 글에서는 앞에서 제시한 '공생육모' 조건들을 통해 난민과 어울림의 사회라면 어떠한 문제를 고민해야 하는지 살펴보고자 한다.

Ⅱ 한국에서 '난민'에 대한 법적 자리

'한국은 난민에 대해 호의적인 국가인가?'라고 질문을 던진다면, 우리는 어떻게 대답할 수 있을까?(김새미 2020) 아시아 최초로 난민과 난민신청자에 대한 정의와 처우를 규정한 내용을 담고 있는 난민법을 제정하였고, 이로 인해 난민위원회가 운영되고 난민지원 시설 운영에 대한 근거와 한국에서 정착을 희망하는 난민에 대한 규정도 마련되어 2013년 7월 1일부터 난민을 지원하는 제도를 시행하고 있다. 난민을 보호하기 위해 실질적인 보호체계를 제공할 수 있도록 법적 장치를 마련하였다는 점은 긍정적으로 보인다.

한국이 난민에 대해 제도적 법규를 갖추게 된 시발점은 1992년 <난민지위에 관한 협약>과 <난민의 지위에 관한 의정서>에 비준하면서부터이다. 1950년 유엔난민기구(UNHCR)가 설립되었고, 1992년 유고내전으로 난민이 급증하자 국제사회에서 난민을 보호하고 해결책을 마련하기 위한 원칙, 규범, 절차 등의 노력이 현실화되면서 한국도 이와 같은 인도주의적 움직임에 동참할 수밖에 없었다. 난민협약 제33조 "체약국은 어떠한 방식으로도 난민을 인종, 종교, 민족 특정 사회집단의 구성원 신분 또는 정치적 의견을 이유로 그 생명 혹은 자유가 위협받을 우려가 있는 영역으로 추방하거나 송환하여서는 안 된다"가 명시하듯이, 난민과 난민신청자에게는 강제송환이 금지되며 난민은 종교의 자유(제4조), 재판을 받을 권리(제16조), 유급직업에 종사할 권리(제17−19조), 주거권(제21조), 교육권(제22조), 공적구호를 받을 권리(제23조), 이동의 자유(제26조), 신분 및 여행증명서를 발급받을 권리(제27−28조), 거주국의 영토로의 불법입국을 이유로 형벌을 받지 않을 권리(제31조), 강제추방금지(제32조)를 갖게 된다.

한국은 1992년 12월 국회에서 위의 내용을 비준함으로써 국제법상 난민에 대한 책임과 의무를 지니게 되었고, 1993년 12월 출입국 관리법을 개정하여 난민에 대한 규정을 처음으로 마련하였고, 2012년 2월 총칙, 난민인정과 심사, 난민위원회, 난민인정자의 처우 등 6장 47조로 이루어진 난민법을 제정하였다.3) 2013년 난민법이 발효되면서 한국에서 난민자격심사를 신청하면 심사에서 변호인의 도움을 받을 수 있고, 신뢰관계에 있는 사람이 동석할 수 있으며, 이의신청에서 구술로 진술할 수 있는 기회가 보장되는 등의 법적 근거가 마련되어 있다. 출입국 관리법에 난민규정을 신설하여 난민인정심사기간을 6개월로 제한하고 있으며 한국 외부에 있는 난민이 한국에 정착을 희망할 때(재정착희망난민)의 근거도 세워 두었다.

아시아에서 다수의 난민이 발생하지만 난민지위협약(convention relation to the Status of Refugees 1951)에 가입한 국가는 한국, 일본, 중국, 필리핀, 캄보디아, 동티모르 6개국에 불과하다(한국이민정책연구원 2012). 한국은 아시아에서 단일한 법적 근거를 처음 제정한 국가로 실질적인 난민

---

3) 1장에서는 난민과 관련 용어 정의와 2장에서는 난민신청과 심사, 3장에서는 난민위원회, 4장에서는 난민인정자, 인도적 체류자, 난민신청자의 처우에 대해 규정하였고, 5장에서는 난민지원시설, 6장은 벌칙에 관한 내용으로 구성된다.

보호를 제공할 준비를 갖추고 있음을 반증한다. 그러나 이와 같은 법적 근거를 갖추고 있음에도 난민들에게 열린 사회라고 보기에는 어려운 점이 많다.

첫째, 난민자격을 신청한 사람 중 공식적인 '난민'자격을 획득한 비율이 현저히 낮다. 난민협약국은 1992년에 체결되었지만 최초 난민인정은 2001년에 발생하여 난민협약이 오랜 기간 명목상으로만 존재하였다. 지금도 상황이 크게 바뀌지 않았다. 예를 들어 2017년의 경우, 9,942명이 난민신청을 했고, 이중 6,015명이 심사가 종료되었는데, 5,067명이 난민인정을 받지 못했고 난민으로 인정받은 사람은 121명으로 1.51%에 해당한다(나상현 외 2019; 2018a 난민인권센터). 그러나 다른 곳에서 난민을 인정받고 한국으로 이동하여 재정착을 원하는 경우와 난민의 가족을 수용한 가족결합 등이 포함되어 있어 처음 한국에 정착하여 난민을 신청하는 비율만 계산하면 더욱 낮다. 한국에서 난민자격을 신청은 일차적으로 입국 시 난민 지위인정 심사를 출입국사무소에서 받고, 이에 불인정 통지를 받으면 이의신청이나 행정소송을 진행할 수 있다. 2017년의 경우, 법무부 1차 심사에서 27명이 난민으로 인정을 받았다. 즉, 1차 심사의 경우, 겨우 0.4%만이 난민으로 인정받았을 뿐이다(난민인권센터 2018a). 즉, 한국에서 난민자격을 신청하여 획득하는 비율은 실질적으로 매우 낮다. 이는 OECD 난민인정(2000-2017년) 현황을 비교했을 때, 689,961명을 인정하여 31.7%를 차지한 독일과 비교해서 한국은 708명으로 3.5% 비율을 차지해 상대적으로 낮은 편이나 아시아에서는 일본의 경우 479명으로 0.9%에 비해 상대적으로 높다(UNHCR; SBS 2018재인용).

| 표 5-1 | 심사단계별 난민인정자 수와 난민인정률

연도	난민인정자 수 (단위: 명)			난민인정률 (단위: %)		
	법무부 1차	법무부 2차	행정소송	법무부 1차	법무부 2차	행정소송
2013	5	9	10	0.8	1.5	1.7
2014	18	53	3	1.3	3.7	0.07
2015	13	27	0	0.6	1.2	0
2016	17	10	3	0.2	0.1	0.04
2017	27	24	5	0.4	0.4	0.08

* 출처: 난민인권센터(2018a)

둘째, 심사과정에서의 비합리성이다. 턱없이 적은 수의 심사공무원과 이에 따른 부실심사의 의혹, 신청자의 개인적이고 특수한 상황이 고려되지 않아 보이는 1차 난민불인정 사유서, 난민신청자들의 언어를 정확하게 전달할 수 없는 통역 서비스의 미비함 등의 문제점이 상존하며, 이를 현실적으로 개선하기 어려워 보이기까지 한다.

대표적 문제는 난민인정 심사를 담당하는 수가 턱없이 부족하다는 점이다. 1차 심사를 담당하는 법무부 공무원은 2015년에는 8명에서 2016년 32명, 2017년 37명, 2018년 38명, 2019년 65명으로 증가했지만 난민신청자 증가율에 미치지 못한다(백주연·조권형 2019; 난민인권센터 2018c). 예를 들어 2017년 한 해 동안 9,942명의 난민신청이 있었지만, 전국 심사담당 37명이 이 모든 과정을 처리했다. 또한 이들은 보직순환 시스템으로 운영되고 있기 때문에 체계적이고 전문적인 심사 공무원의 교육도 제한적이다(난민인권센터 2018a, 30). 2차 심사도 1차 심사과정과 크게 다르지 않다. 난민법 제23조에 따라 이의신청 심사의 전문성과 독립성을 확보하는 '난민위원회'가 설치되어, 변호사, 교수, 난민관련 담당업무 공무원, 난민전문가 등으로 구성된 15명의 위원이 심사하지만, 2017년 난민위원회는 총 6회 개최되어 총 심사건수는 4,542건을 진행했다. 거의 매회 평균 700건 가까운 심사를 진행하는 형국이므로, 2차 심사에서 면담이나 추가 인터뷰가 진행되는 경우는 매우 드물다(난민인권센터 2018a, 24). 이에 1994년부터 2017년 7월까지 2차 심사에서 총 12,631건의 심의가 완료되었지만, 난민인정을 받은 경우는 139건에 불과하다.

심사절차과정에서도 합리성이라는 미명하에 난민의 기회가 제한받기도 한다. 난민법 제8조 제5항은 난민인정 신청 남용을 막기 위해 심사절차를 간소화─생략하는 조항이 있는데, 잘못 활용하면 난민신청자들의 심사기회 자체를 박탈하는 요건으로 작용할 수 있다. 실제로 2015년 '신속심사'를 위해 사실조사를 생략하라는 지시 문건들이 발견되고 난민자격심사가 약식으로 진행된 점이 보도된 바 있다(박상준 2019). 사실 난민들 다수는 도움을 준 사람에 피해가 갈까봐 이들을 숨기거나 초기에 명확하게 진술하지 못하는 경우가 많은데, 이런 경우 신빙성이 불분명하다는 이유로 신청이 배제되기도 한다(박인현 2016). 또한 출입국항에서도 제대로 된 여권이나 비자를 구비하기 쉽지 않은데 이를 갖추고 있지 않으면 입국이 어렵고, 역설적으로 비자를 갖췄을 때는 난민이 아님을 의심받기 쉽다.

이처럼 난민자격 조사는 진위여부 판별이 전제되어야 하겠지만 개인의 상황이 고려되지 못하고 실제로는 행정편의 중심의 정책으로 발현되고 있음을 알 수 있다. 이와 같은 난민심사 환경은 아시아에서 난민법을 최초로 제정한 국가임이 무색하게 난민에 대해 열린 사회로 다가가고 있지 못함을 반증한다.

Ⅲ 난민에게 문을 연 우리 사회의 모습

앞서 한국이 난민에 대해 얼마나 열린 사회의 모습을 보이는지 점검해 보았다면, 다음에서는 한국 땅에 발을 들인 난민이 한국사회 속에서 발을 딛고 서 있을 수 있는지 살펴보고자 한다. 이들이 한국사회 구성원의 일원으로 아직 자리하지 못했다 하더라도 어찌 되었건 이들은 영토 안에 들어온 사람들이다. 우리는 이들을 어떻게 마주하고 있는가? 낮은 난민인정률과 비합리적 심사과정에서보다 더 위태롭고 심각한 점은 그들이 난민자격신청과정 속에서 우리 사회 안에 속해 있으면서도 방치된 채로 존재한다는 점이다(김새미 2020). 우리는 그들을 받아들인다는 합법적 조치를 마련했는데, 과연 받아들일 준비가 되어있는지, 나아가 어울릴 준비가 되어있는 사회인지 숙고해 볼 필요가 있다.

1. 난민자격을 신청한 사람들

먼저 첫 번째로 난민자격을 신청한 사람들을 대상으로 생각해 볼 수 있다. 이들이 한국에 도착해 심사를 진행할 때 한국사회로부터 심사와 거주, 생활면에서 유용하고 필요한 실질적인 정보에 제한적이며, 제도가 구비되어 있기는 하지만 난민의 시각에서 시스템이 실행되지는 않는다.

가장 큰 문제는 난민신청자가 입국해서 초기의 생계유지 방안에 있어 매우 취약하고 열악한 환경에 놓인다는 점이다. 난민법에 따르면 한국에 입국한 난민인정신청자는 난민자격 신청 6개월이 지난 후 취업 활동을 수행할 수 있다. 때문에 취업에 대한 권리를 갖지 못하는 신청자들에게 초기 6개월은 한국사회 적응에 중요한 시기이지만, 숙식을 해결하고 사람으로서 갖춰야 할 기본적인 것들이 전혀 보장되지 않는다. 주목할 점은 한국이 제도적으로 특별히 취약하지는 않다. 한국은 센터 입주 시 한 사람당 432,900원을 지원을 받을 수 있는데, 독일은 처음 3개월 일할 수 없고 싱글 28만 원 정도, 7세 미만 아이 한 명과 부부를 구성한 가족이 약 62만 원 정도 받으며, 영국도 주택을 제공받지만 1인당 주당 38파운드 정도 지원받는다. 의료지원도 제한적이나 긴급상황의 경우 독일이 치료가 가능하다. 따라서 한국에서 환경이 열악한 점은 제도운영에 있다고 본다(김새미 2020). 특히 이들은 난민자격 신청절차에서 생계비 신청, 의료비 신청 등의 정보 획득에서 소외되기 쉽고 한국생활에 실질적인 도움이 되는 기본적인 정보를 얻기에 취약해서 이를 개선하기도 어렵다. 객관적인 통계자료에서도 증명이 되는데, 정보공개청구로 공개된 2017년 출입국외국인지원센터 총 집행 예산액은 28억에 달하지만 난민전체 신청자와 인정자의 2%도 이를 이용하지 못해 2017년 생계비 지급대상자 13,294명 중 436명만 생계비를 지원받을 수 있었다(난민인권센터 2018a, 47). 일반 난민신청자들은 생계비와 같은 권리정보 획득에 미흡하고, 더욱이 65세 이상의 연령대의 난민신청자 누적 수는 총 110명이나 이들 모두 전원 지원받지 못했다.

더욱이 고려해야 하는 점은 간혹 난민에 대한 지출에 대해 한국에서 많은 시민들이 신경을 곤두세운다는 점이다. 하지만 실상 난민의 생계비로 지출된 8억 1천 7백만 원은 한국 거주 이주민이 외국인 등록증을 발급하기 위해 지불한 수수료 139억 5천 5백만 원 중 5.85%에 해당하는 금액에 그친다는 점이다(난민인권센터 2018a, 48). 이렇듯 난민신청자의 98%가 넘는 사람들은 난민자격을 받지 못하는 상황에서 평균 7개월이 넘는 기간 동안 초조함과 무기력함 속에서 인내해야 한다. 이는 개인에게도 이를 수용하고 있는 사회로서도 양측 모두에게 결코 경제적이지도 건강하지 않은 불행한 일이다. 따라서 이들이 처한 불안한 일상에 어떻게 대처해야 하는지를 이웃인 우리가, 지역사회가, 정부가 모두가 고민해야 할 문제이다.

2. 난민자격과 체류자격을 얻은 사람들

이는 난민자격을 취득하여 우리 사회에 정식으로 발을 들인 이들에게도 해당된다. 자격을 취득한 바는 크게 둘로 나뉘는데, 난민의 자격을 얻지는 못했지만 거주할 수 있는 자격을 얻은 '인도적 체류자'와 난민자격을 취득한 '난민'이다.

1) 인도적 체류자

인도적 체류자는 1년간 한국에서 체류할 자격(G-1)이 주어진다. 체류하는 곳에 대한 제한은 없기 때문에 난민들은 원하는 곳으로 이동이 자유롭고, 법무부가 이들의 정착을 돕고자 2018년 10월부터 시작한 난민 5명당 1명의 멘토를 두는 멘토링 서비스가 있다(JTBC 2018).[4] 그러나 한국에 거주하고 제한되게 일을 할 수 있을 뿐, 여전히 불안정한 삶을 유지할 수밖에 없다. 체류하기 위해서는 1년마다 기간을 연장할 수 있는지 심사를 받아야 하며, 본국의 상황이 좋아지면 연장되지 않고, 국내에 거주하면서 범죄를 저지르면 거주 자격이 취소될 수 있다. 또한 이들은 난민과 달리 건강보험과 같은 기본적 사회적 보호를 받을 수 없으며 여행을 할 수도 없고 가족을 초청할 수도 없다. 오로지 취업을 통해서만 건강보험을 제공받지만 이 또한 제한적이다. 예를 들어 미성년자는 취업을 못하게 되어 있는데 부모 없이 입국한 미성년 인도적 체류자는 취업이 제한되나 다른 마땅한 보안책이 없으며, 언어 등의 장벽으로 건설업에 취업하는 경우가 다수인데 2019년 7월 법무부는 국내의 일자리를 보호한다는 명목 하에 난민신청자와 인도적 체류자의 건설업 취업을 제한하고 사전허가를 받아야 하는 규정을 세워 취업이 불가능하게 되었다.

---

4) 정착을 돕기도 하지만 동시에 난민이 거주지를 옮겼을 때, 14일 안에 관할 관청에 거주지 등록을 하고 제공받는 것이므로 난민을 추적하고 관리하는 역할도 수행한다고 볼 수 있다.

심지어 자격 취득을 위해서는 수수료(체류자격 연장허가 6만 원, 취업허가를 위한 활동허가 12만 원, 2019년 현재)를 부과하여 사회 안정망 하나라도 보장하는 것 없이 모든 책임은 개별 인도적 체류자에게 전가하고 있다(강석영 2019). 이런 점을 볼 때, 한국사회에서의 난민은 체류와 일할 수 있는 권리만을 줄 뿐 우리 사회 안에 수용된 개별 존재로서는 인식하고 있지 않음을 알 수 있다.

2) 난민자격 취득한 자

국제협약에 의거해서 한국 내 난민인정자는 귀화를 통해 국적을 취득하지 않는 한 기본적으로 외국인의 지위에 관련한 일반적인 법률의 적용을 받게 된다. 3년의 체류자격(F-2)이 부과되나 사실상 갱신하면 무제한 체류할 수 있고, 한국 국민과 같은 수준의 사회보장을 받을 수 있고(제31조) 국민기초생활 보장법에 따른 기초생활을 보장받고(제32조), 교육에 대한 보장(제33조)를 받는다. 따라서 지역보험에 가입할 수 있고 배우자와 미성년 자녀를 초청할 수 있으며 여행을 자유롭게 할 수 있다. 그러나 난민인정자의 경우에도 경제적, 사회적으로 안정되지 못한 경우가 많다. 2001년 국내 최초로 난민인정을 받은 에디오피아인 데구(가명)씨는 난민인정으로 육체적 피난처는 얻었지만, 한국에서 정착할 수 있도록 거처와 장학금 지급, 보험료와 교통비 절감 등의 기초적인 지원과 보호의 필요성을 피력한 바 있다. 난민인정을 받은 사람들에 대한 사후 조처도 중요하다는 시민사회의 목소리가 있으며, 이는 정착과정에서 정부와 지역사회의 역할이 미비함을 보여줌을 역설하는 바이기도 하다.

반면, 한국사회가 이들에게 한국에 정착해서 요구하는 것은 '난민의 성공적인 자립'이다(피난처 2018). 재정착난민의 경우에도 난민인권센터에서 7~9개월 정착 교육을 받고 나오게 되는데, 한국어 집중교육과 취업 교육을 중심으로 이뤄진다. 주로 경제적 차원의 자립을 목표로 기회를 보장하고 사회진출의 형평성을 보장하는 데 힘쓰고 있다. 이들과 같은 소수자에 대해 기회를 부여하고 공정한 분배를 제도적으로 갖추는 것은 열린 사회를 이뤄가는 데 있어 기본적으로 갖춰야 할 요건이다. 그러나 기존 질서를 고수한 채, 최소한의 사회적 안정망을 돌보지 않고 단순히 경제적 문제로 접근한다면 분명 한계가 존재하게 된다.

한국에 거주하게 된 이들을 방치하는 것은 인권적 차원에서 윤리적으로도 옳지 않지만, 적응하지 못하는 난민들과 함께 생활하는 것 또한 그리 현명한 대처로 보이지는 않는다(김새미 2020). 이러한 현실 가운데에서 난민과 더불어 살아가기 위한 활동을 하는 사람들도 있다. 이주여성을 위한 문화·경제 공동체인 '에코팜므'는 난민여성을 수혜자와 후원자로서가 아닌 사람과 사람으로 만남을 대하고 있다. 이들에게 그림을 통해 자국의 문화와 자신의 목소리를 낼 수 있도록 도와주고, 이들에 대한 생활지원을 하고 있다. '난민인권센터, NANCEN'도 한국에 온 난민이 인간다운 삶을 영위할 수 있도록 환경을 조성하여 함께 어울려 살아갈 수 있음을 보이고 있다. 우리의 더 나은 사회를 위해서 우리 자신도 이와 같은 운동에 동참하기는 쉽지 않지만 나부터 작은 변화를 일으킬 수 없는지 질문을 던져본다.

Ⅳ 난민의 목소리는 어디에 있는가?

정착이란 이주민이 새로운 사회에 자리를 잡고 그 사회에 받아들여져 정주민이 되어 감을 의미한다(피난처 2018, 3). 사회에 정착하기 위해서는 기본적인 권리와 형평성을 보장하는 객관적인 구조도 매우 중요하다. 예를 들어 미국의 재정착 난민의 경우, 입국 1년이 지나면 영주권을 신청할 수 있고, 영주권 취득 후 5년이 경과하면 시민권을 취득할 수 있으나 한국의 경우, 한국에 거주 5년이 경과하고 한국어 능력 2급 혹은 사회통합프로그램 5단계를 이수하여야 영주권을 신청할 수 있다(법무부 2018, 50). 그나마 2015년부터 시범사업 난민들이 대상이 되므로 아직 영주권 신청요건을 완수한 사람들이 없으므로 영주권을 신청한 사람은 없다. 어쩌면 이러한 상황에서 그 사회 시민의 자격으로 정치참여를 논하는 것은 시기상조로 보일 수 있다.

특히 제주도 예멘 난민들로 국내에서 난민문제가 이슈가 된 이후로 난민을 수용하고 거부하는 결정이 안보문제와 주권문제로 인식되고도 있다. 이러한 담론이 통용되는 분위기에서 난민자격으로 국내에 거주하는 이들에게 정치 참여를 허용하는 문제는 난민에게 부여된 범위를 벗어나며, '바람직하지 않다'는 잣대를 드리울 가능성이 농후하다.

사실 대다수의 난민들은 자신들의 주체적인 목소리를 드러내거나 정치적인 행위를 수행하기 쉽지 않으며, 난민지위를 받았을 경우에도 피동적 존재로 인식한다. 지루(Henry Giroux)는 '디스포저빌러티의 정치학(politics of disposability)'에서 난민집단이 다른 집단보다 '덜 인간적이고 (less human)', '덜 가치 있는 것(less valuable)'으로 재개념화되고 있다고 주장했다(Heather 2016; 이유혁 2018). 난민에게 유능한 주체성을 부여하기보다는 난민을 피해자 혹은 위협적인 존재로 만들어 재현의 정치학을 통해서 '난민의 삶을 살도록' 방치한다는 것이다(이유혁 2018). 동일한 논리로 데이비스(Thom Davies)는 칼레(Kalais)의 비공식 난민캠프를 재조명함으로써 유럽 각국이 난민캠프에 대해 보이는 무관심은 실제폭력을 행사하는 구조적 폭력이라 비판한 바 있다(Davies 2017). 벌리(Dan Bulley)도 난민들이 자발적인 주체성을 간과하지 않아야 함을 강조하며 '난민캠프'에서 난민들이 단순히 수동적 시혜대상에 그치지 않기 위해서 교육프로그램에 적극적으로 참여할 때, 그들이 주체적으로 변화하고 있음에 주목했다(이병하 2017). 이처럼 난민이 정치참여나 자신들의 권리옹호를 위한 조직에 가입하는 활동들은 아직 활발해 보이지 않는다. 그렇다고 이들의 정치적 욕구가 전무하다고 볼 수는 없다.

오스트리아 비엔나와 독일 베를린에서 일어난 난민저항 캠프(refugee protest camp)의 사례는 주목할 만하다. 난민 활동가들과 함께 버스투어와 행진으로 도시 내부 중심지역으로 이동하여 상당 기간 머무르면서 정치적 주체임을 선언한 바 있다. "우리는 우리의 권리를 요구한다(We demand our rights)."는 문구를 외치며 생존의 차원에서 논의되는 권리의 문제를 주장했다. 이처럼 정치참여의 형태가 아니더라도 그들의 목소리에 귀를 기울이는 사람들이 조금씩 나타나기 시작했다. 유럽의 문화예술 시민단체에서는 최근 난민들과 관련 문화예술 활동과 작품이 '난민으로서의 위치'와 '난민으로 겪은 경험'이 아닌 '난민, 개인의 목소리'를 낼 것을 피력하고 있다. 난민예술가를 초청해 난민이 아닌 예술가로서의 이야기와 욕구를 사람들과 공유하게 하고 이를 공론화시키고 있다. 유럽 사회에서 오랜 기간 난민에 대한 논의가 지속되면서 피로감이 누적된 상황에서 '난민'을 새롭게 환기하고 난민 공동체에 대해 원동력을 제공하고 새로운 곳에서 시작을 돕는다는 의미에서 주목할 만하다.

소수자에 대한 권리에 대한 다양한 보장과 이들이 표현할 수 있게 자유를 허용하는 것은 궁극적으로 이들이 사회 안으로 포용하는 것이다. 무엇보다 기존 시민과 동등한 기준과 비차별적 방식으로 접근하고 이들의 목소리를 낼 수 있는 것은 더 나은 사회를 위한 결정적인 기반이 된다. 이러한 문제들을 고민해 볼 필요가 있다.

V 난민문제 국제적 협력을 위한 리더의 역할

난민을 수용하는 데 있어서 지도자들의 정치적 의지와 결단은 무엇보다 중요하면서도 쉽지 않은 부분이다. 특히 난민 유입을 결정하는 데 있어서 국가주권의 문제와 연결되는 부분이자 중첩적인 문제들이 연결되어 있으므로 결코 간단하지 않다. 포용적 리더십이 발휘되더라도 이를 지지하는 다른 여러 조건들이 수반되지 않는다면 리더십의 효력이 지속되기 어렵기 때문이다. 이를테면 유럽에서 난민사태가 심화되었을 때, 메르켈(Angela Dorothea Merkel) 독일 총리도 2015년 난민문제의 해결사임을 자처했으나 난민유입이 증가하고 독일 내 반이민정서가 커짐에 따라 결국 난민포용정책이 후퇴하게 되었다.

이러한 가운데 종교계에서 가톨릭의 난민에 대한 지지가 주목할 만하다. 프란치스코 교황이 발표한 2018년 '세계 평화의 날' 담화주제는 '이민과 난민'으로 난민들은 '평화를 찾는 이들'이며 우리는 그들의 '공동의 집'에서 모두 함께 잘 살 수 있도록 노력해야 한다고 강조했다. 교황은 이들에게 단지 마음을 열어 입으로만, 표정으로만 환대하는 것만으로는 부족하고 '자비심'으로 끌어안아야 한다고 강조한다. 도시 안에서 모두가 한 가족이고 이러한 시선으로 볼 때, 난민은 용기와 재능, 에너지와 열망, 소중한 고유문화를 가지고 와서 그들을 받아준 나라의 삶을 풍요롭게 할 것이라고 주장하며, 난민에 대한 공동대응으로 그들이 도착한 국가에 합법적으로 들어가도록 환대하고, 이들은 보호하며, 상호 풍요로움이 유익한 협력과정으로 통합, 증진하도록 설득하고 있다(한국천주교주교회의·한국천주교중앙협의회 2018). 2019년 '세계 이민의 날'에 이주민과 난민에 대한 관심은 우리에 대한 관심을 갖는 것이라고 이야기하면서 적극적인 실천을 강조하고 있다.

> "단지 이민만의 문제가 아니다. 우리 두려움의 문제이다 … 사랑의 문제이다 … 우리가 그려 나가고픈 사회의 모습과 모든 인간 삶의 가치에 관한 문제로 … 우리의 문을 두드리는 이들을 통하여 마음이 움직이고 감화되는 우리의 열린 자세에 달려있다. 그들을 대면할 때, 우리는 우리 삶을 지배하고 속박하는 모든 거짓 우상을 깨트릴 수 있다. … 다른 이들에게

마음을 열 때, 우리는 피폐해지는 것이 아니라 더 풍요로워진다. 이는 우리가 더 인간다워지는 데 도움이 된다. 또한 우리 자신이 더 큰 공동체의 능동적인 구성원임을 깨닫고 우리의 삶이 다른 이들을 위한 선물이라는 것을 이해하도록 도와준다."(프란치스코 교황 2019년 이민의 날 담화문, 한국가톨릭굿뉴스)

이와 같은 프란치스코 교황의 지속적인 난민보호와 이들에 대한 권리 지지들을 유엔의 글로벌 콤팩트(UN Global Compact) 협의와 연계하여 난민에 대해 냉소와 무관심을 거두고 적극적으로 대응할 것을 촉구하고 있다.

난민 글로벌 콤팩트란 2018년 12월 한국을 포함한 164개국의 유엔 회원국들이 난민이 겪는 곤경은 인류의 공통 과제라는 전제하에 난민의 파난 상황에 대해 각국이 부담과 책임을 공유한다는 협약을 뜻한다. 포괄적 난민대응과 이를 실행하는 계획으로 크게 나뉘어 진행되는데, 난민을 지원하기 위한 보다 광범위한 이해관계자를 모은 것을 목표로 한다. 사실 강제성이 미약하고, 2015년 당시 미국 대통령이었던 오바마는 선언을 옹호했지만, 2017년 트럼프 대통령은 난민 수용을 축소하고 난민 협정에 반대를 표하여 절대적 지지기반이 제한적이다. 최근 자국의 이익을 바탕으로 하는 보수적인 정책기조가 주된 국제패러다임으로 자리하면서, 난민의 문제가 정치화되어 국가의 리더가 결정을 내리는 데 직접적인 영향을 받고 있다. 난민과 인권보호 문제가 중요하다는 인식을 하면서도 사회적인 합의를 이끌어 내기 어려운 경우가 많은 시점에 국제적인 연대를 통해 각국이 실질적인 구속력을 유인할 필요가 있다. 결국 이들이 난민의 상황에 처하게 된 것은 구조적으로 국제적인 책임과 함께 하는 것이며, 결국 이들을 위한 선택이 상호 호혜적인 결과로 회복될 것이라는 지속적인 연구가 병행되어 효과성을 증명한다면 국제적 연대와 지지를 더할 수 있을 것이다. 이러한 측면에서 프란치스코 교황의 지속적인 난민보호와 이들에 대한 권리 지지와 더불어 유럽의 가톨릭 주교들이 '난민 글로벌 콤팩트' 지지의사를 밝혔고, 난민에 대한 인식을 바꾸는 데 하나의 역할을 하고 있다. 한국사회도 아시아에서 난민법을 최초로 제정한 만큼 국제사회에 평화의 가치를 내세우며 이와 같은 운동을 유인할 수 있다고 본다.

Ⅵ 문화예술을 매개로 한 대면소통

한국사회에서 '난민'은 거리감도 있지만 이들에게 씌워진 집단성은 그들 모습 자체로 바라보기가 어렵다. 난민이 이미 사회 구조의 틀에 체화된 채로 자리하고 있기 때문이다(김새미 2020). 이를 두고 육주원은 제주도 예멘 난민 사태를 통해 특정 생각과 행동의 방식이 단지 혈통적 순수성을 넘어서 문화적 차이를 인종화하는 과정을 통해 작동한다고 보았다(육주원 2016). 사실 이렇게 재개념화된 집단적 정의는 사회 내에서 잠재적 문제를 내포한다. 사회의 분열을 유발하고 지역사회나 국가가 소모적 비용을 소비하는 낭비를 초래하게 된다. 고정된 문화적 '차이'로 정체성을 구분하는 경향은 지양하고 '차이'가 갖는 다양성이 사회에서 변화로 발현되도록 열린 태도를 지닐 필요가 있으므로 우리는 인식의 전환이 필요하다.

그럼에도 이미 사회 속에는 많은 상징과 은유가 녹아 스며들었기 때문에 독립적이면서도 객관적 시선을 유지하기는 상당히 어렵다. 때문에 일상생활과는 분리된 다른 공간에서 서로의 활동을 통해 적극적인 대면 방식을 실천할 필요가 있다. 타자를 집단화시키고 동질화시키는 틀을 깨기 위해 굴절된 매개를 배제시킨 소통이 이뤄져야 한다. 파니카르(Raymond Panikkar)는 소통은 기본적으로 우리 자신이 공감하는 데에서 시작하는 데, 내가 타자를 내 안에서 나 자신처럼 만나고 이해하지 않으면 결코 그가 자신을 만나고 이해하는 것처럼 이해할 수 없다고 보았다. 대면소 통은 굴절된 매개과정을 벗어나는 이상적인 실천과정으로 지속적으로 시도해야 된다고 보았다(김새미 2019). 바숑(Robert Vachon)은 듣기는 '경 험에 공감한다'는 의미로 다른 문화를 경험하고 타 문화를 수용함으로써 결국 나 자신을 변화하도록 허용한다고 보았다. 경청함으로써 해결책의 가능성을 넘어 다른 질문들이 가능하기 때문에 자신을 줄이고 상대방의 목소리에 경청해야 함을 강조한다(김새미 2019).

사실 난민문제가 상당히 복잡한 구조와 상황 하에 존재하므로 이들을 개인화·맥락화하여 생각해야 한다면, 상호대면소통은 굴절된 매개과정 을 벗어던지고 그들과 공감하는 적절한 방법일 수 있다. 특히 문화예술 은 타자에게 쉽게 몰입할 수 있고 자신을 다양한 방법으로 표현할 뿐 아 니라 상대방과 편견없이 소통할 수 있는 매개로 작용한다.

유럽에서는 난민사태가 심각한 위기로 받아지면서 문화예술활동을 매개로 난민과 소통하고 사회에 융화하는 역할로 활용하고 있다. 예를 들어 이탈리아 문화예술단체인 떼아트로 델라지니(Teatro dell`Argine)는 유엔난민기구(UNHCR) 협력으로 다양한 문화예술활동으로 난민의 적응 을 도왔다. 이곳에서 진행된 연극과 음악 워크숍은 일방적인 사회 통합 교육에서 벗어나 스스로를 표현하고 소통하는 기회를 제공하기도 한다. 그들의 기본적 권리를 자연스럽게 부여하고 연극적 요소들은 상대방을 편견없이 바라보고 비언어적 소통방식으로 그들의 목소리에 집중하고 대면할 수 있었다. 연극 활동을 통해 유대감을 형성하기도 하고 동질한 타자화라는 연대감을 세워 함께 살아가는 존재임을 깨닫게 만들었다는 평가를 받기도 했다.

문화예술을 통한 소통의 가장 긍정적인 측면은 대중 친화적이라는 점 이다. 다양한 방식을 통해 상대방과의 공감을 쉽게 이룰 수 있다. 예를 들어 영국의 시민단체인 카운터포인트아츠(Counterpointer Arts)는 "You Me and Those Who Came Before(2019)"[5]라는 2분짜리 애니메이션 동영상을 통해 영국 사회에 들어온 난민의 상황이 무엇인지, 이들을 어떻게 대해야 하는지 이야기를 만들어 내고 있다(김새미 2020). 2분이라는 짧은 시간이지만 다른 어떤 서사보다도 초등학생부터 어른까지 폭넓은 대상에게 이야기를 설득력 있게 전달할 수 있다. 2015년부터 2018년까지 독일 세계문화의 집(das Haus der Kulturen der Welt)에서 진행한 '100년의 현재'라는 사업 중 "난민, 제나바 호수 에피소드" 프로그램도 소설이라는 매개를 통해서 난민의 입장에서 이해하고 연민이나 동정이 아닌 공감을 이끌어내고자 했다(해외문화홍보원 2018). 스테판 즈웨이그가 1927년 쓴 글을 청중들에게 낭독함으로써 난민이 된다는 것이 얼마나 끔찍한 경험을 겪는지 감정을 나누고 동시에 난민의 역사가 우리 모두가 한번은 가졌던 혹은 가질 수 있는 공유의 역사임을 환기시키는 역할을 한다. 이처럼 문화예술은 상대방의 입장에 서서 마음으로 바라보도록 하는 좋은 대면 방식으로 작용할 수 있다.

Ⅶ 우리 문화 안에 키워가는 난민, 시민교육

"유엔 설립 후 최초로 도움을 받은 사람들이 '한국의 난민'이었다 … 남수단, 시리아 등지의 수많은 사람들 우리도 그들과 별반 다를 바 없었다. 당신이 난민이 된다면 하루 아침에 모든 선택들은 삶과 죽음에 직접 관련된 문제가 되어 버린다." 이와 같은 '난민'에 대한 권리와 구조에 대한 이해는 2014년 경기도 교육청의 '더불어 사는 민주시민 교과서'에서

---

5) "You Me and Those Who Came Before" 2019 Refugee Week, https://www.youtube.com/watch?v=o4FmA8mvdDM

난민 보호에 대한 토론 주제가 유일하다고 볼 수 있다. 해당 교과서는 8곳의 학교가 선택과목으로 개설하였는데, 2018년까지 정규 교과과정에서는 배제되어 있다. 예멘 난민들이 제주도에 입국하여 난민 담론이 촉발되었지만 이에 대한 교육적 반응은 미비하다. 독일의 경우, '정치교양' 과목을 통해 민주시민교육을 진행하고 있으며, 예를 들어 독일의 기적이라는 경제적 부흥 배경에는 100만 난민의 역할이 컸다는 사례와 같은 내용이 포함되도록 하고 있다고 한다(한겨레 2018/7/8). 교육부에서도 2022년 민주시민교육을 정규과목에 편성하기 위한 방안을 추진하고 있지만, 난민과 같은 민감한 주제에 대해 반발 또한 큰 편이다.

이는 또한 문화다양성 교육의 관점에서도 생각해 볼 수 있다. 현재 한국사회는 개개인의 보편적 특성과 권리를 중요하게 생각하는 문화다양성을 추구하고 있지만, 범위가 매우 제한적이며, 여전히 다문화적인 성격이 강하게 나타난다. 문화다양성 교육의 시각에서는 난민에 대해서도 도움을 주는 시혜적 관점이 아니라 함께 이해하고 변화하며, 행동하는 매개로서의 접근해야 한다. 예를 들어 영국 예술단체인 카운터포인츠 아츠(Counterpoints Arts)는 '심플 액츠(Simple Acts)' 운동을 통해 영국 청소년들이 난민에 대한 인식을 바꾸기 위해 일상에서 행할 수 있는 간단한 행동을 장려하는 프로그램을 개발하여 전파하고 있다. 그들과 이야기를 공유하고, 그들이 진정 누구인지를 이해하고, 음식을 함께 나누고, 음악을 함께 들으며, 활동을 함께 하고, 시를 쓰는 운동에 참여할 것을 권고한다. 이와 같이 그들의 문화를 함께 나눔으로써 이들과의 연대를 보여주며 새로운 관계를 맺을 수 있도록 도와준다.

Ⅷ 나가며

현재 한국사회에 제기된 중요한 화두는 '포용'이다. '사람이 중요한 문화'를 내세우는 사회에서 이들은 포용의 대상이 될 수 없는지 생각해 볼 수 있다. 우리가 논하는 포용의 의미 속에는 이전의 빈곤 개념으로 해소될 수 없었던, 경제적 결핍을 넘어 다차원적 삶의 영역에서 발생하는 배제를 우리 공동체가 끌어안는 것을 뜻한다. 생각과 문화에 있어 나타나는 차이, '다르다'라는 점에 '관용'과 '관대함'을 허용하기 위해서는 인식의 변화가 필요하다. '난민'문제에 있어서도 매우 복잡하게 얽혀 있는 구조와 흐름을 생각해 보기도 하고, 이들 개인이 처한 모습을 그대로 바라봐 줄 필요가 있다. 난민문제를 단순한 결핍의 문제로만 접근한다면 사회적 배제와 균열만을 강화시킬 뿐이다. 매우 복잡하게 얽혀있는 구조와 흐름 속에서 난민 개개인을 위치시키는 것이 진정한 의미의 포용이라는 점에서 한국사회에서 풀어나가야 할 난민문제에 대해 함께 생각해 보고자 했다.

자신이 속했던 모든 것에서 떠날 수밖에 없었던 상황에 처해 낯선 곳에 정착한 이들, '난민'이라는 새로운 법률적 지위를 갖는 것은 타지에서 새롭게 정체성을 구성해야 하는 혼란스러운 상황에 직면하는 것이다. 따라서 자신 혹은 자국의 문화적 정체성을 잃지 않으면서 새로운 사회에 진입하여 적응해 나가는 것도 중요하다. 우리 사회는 이러한 포용에 관심을 기울이지 않는다면, 이들에 대한 사회적 배제로 복합적인 사회문제가 발생할 것이다.

이런 차원에서 본 글은 '난민'으로 위치 지워진 사람들 중에서 한 사람, 한 사람의 개별 이야기를 듣기 전에, 그들의 놓여 있는 환경에 대해서 조금 알아갈 수 있는 '잠깐 앉아 쉬어가는 장소'이기를 희망한다. 그들의 이야기를 듣고 그들에 대해 생각할 수 있는, 여유를 품을 수 있는

준비과정으로서 말이다. 우리도 삶의 조각에서 어려운 순간을 마주할 때
가 있다. 그런 순간들을 헤치고 나가는 데 있어 주위 사람들의 관심으로
우리가 힘을 얻었듯, 그 정도의 관심과 자리내어주기는 어떻게 보면, 우
리가 동시대를 살아가는 사람으로서 지향해야 될 삶의 모습이 아닌가
한다.

참고문헌

강석영. 2019. "난민 '건설업 취업 제한'해 유일한 생계수단 끊어버린 법무부." 『민중의 소리』(7월 17일), https://www.vop.co.kr/A00001421835.html (최종검색일: 2019/09/01)

김민상. 2019 "난민 신청자 1만 6173명."『중앙일보』(6월 20일) https://news.joins.com/article/23502147 (최종검색일: 2019/08/01)

김새미. 2020. "난민과 공생: 문화예술활동을 통한 관계 맺기."『문화와 정치』제7권 1호, 69-98.

김새미. 2019a. "문화예술을 매개로 한 난민에 대한 환대 가능성."『통합유럽연구』제10권 1집, 105-142.

김새미. 2019b. "'난민'을 대하는 문화예술의 새로운 접근법." 문화돋보기 (2019/06/12) https://policydb.kcti.re.kr/#/domesticMonthlyDetail?bbstypecd=3001013&postno=200100&pageno=3&searchopt=&search= (최종검색일: 2020/02/15)

나상현·김정화·신형철. 2019. "공무원 한 명이 떠 맡은 '난민 300명의 운명'."『서울신문』(6월 23일), 9.

난민인권센터a. 2018.『2018 난민인권센터 통계자료집』서울: 난민인권센터.

난민인권센터b. 2018.『국내 난민제도에 의한 인권침해 보고』

난민인권센터c. 2018. "간단히 보는 2019년 난민 심사 현황." https://infogram.com/2018-20181231-1h7v4pv7rnrk4k0 (최종검색일: 2019/10/15)

박상준. 2019. "'공익법무관이 난민 면접' 위법 앞장선 법무부."『동아일보』(8월 7일), 12.

박인현. 2016. "인권보호 차원에서 본 우리나라 난민법."『법과인권교육연구』제9집 3호, 89-114.

백주연·조권형. 2019. "난민 심사 공무원 20% 증원, 통역 상근직도 첫 채용."『서울경제』(3월 14일), 27.

신지원·송영훈·박가영·신예진. 2012.『한국 난민정책의 방향성과 정책의제 연구』. 서울: 이민정책연구원.

심영구. 2018. "마부작침] 2018 난민의 모든 것, all about 난민." SBS 뉴스 (7
월 7일), https://news.sbs.co.kr/news/endPage.do?news_id=N1004829820&oaid=
N1004830439&plink=TEXT&cooper=SBSNEWSEND (최종검색일: 2019/07/17)

육주원. 2016. "반다문화 담론의 타자 만들기를 통해 본 다문화 반다문화 담론
의 협력적 경쟁관계." 『한국사회학』 제50집 4호, 109 – 134.

이병하. 2017. "난민 위기의 원인과 해결책, 그리고 환대의 윤리." 『국제정치논
총』 제57집 4호, 199 – 235.

이유혁. 2018. "정치적 주체로서 난민에 대해서." 『다문화와 평화』 제11집 1호,
194 – 224.

JTBC. 2018. "인도적 체류 339명, 난민과 어떤 차이? 신분·지원 살펴보니."
http://news.jtbc.joins.com/article/article.aspx?news_id=NB11712008 (최
종검색일: 2019/09/01)

피난처. 2018. 『재정착난민 정착실태 점검을 위한 사례조사 연구』 서울: 법무부.

한국가톨릭굿뉴스. 2019. "2019년 제105차 세계 이민의 날 담화, 단지 이민만
의 문제가 아닙니다." http://pds.catholic.or.kr/pdsm/bbs_view.asp?num=2&id=
174935&menu=4800&VIEW=F&searchkey=N&searchtext=%EC%84%B
8%EA%B3%84+%EC%9D%B4%EB%AF%BC%EC%9D%98+%EB%82%A0
(최종검색일: 2019/07/17)

한국천주교주교회의·한국천주교중앙협의회. 2018. "제51차 세계 평화의 날 담
화, 이민과 난민." http://www.cbck.or.kr/Board/K5150/402657 (최종검색일:
2019/07/17)

한겨레. 2018. "난민 혜택 첫 사례는 한국인." (7월 8일), 12.

Benedetta Capelli 저. 이창욱 역. 2019. "교황, 세계 이민의 날 "이민자에 대한
관심은 우리 모두에 대한 관심." https://www.vaticannews.va/ko/pope/news/
2019 – 05/papa – francesco – messaggio – rifugiati – migranti – paure – esc
lusione.html (최종검색일: 2019/08/31)

Davies, Thom, Arshad Isakjee and Surindar Dhesi. 2017. "Violent inaction:
The necropolitical experience of refugees in Euroope." *Antipode* 49(5).

DW. 2013. "Refugee protesters tour through Germany." https://www.dw.com/en/
refugee – protesters – tour – through – germany/a – 16662684 (최종검색일:

2019/06/03)

Johnson, Heather L. 2016. "To make live: Representing and Protesting Refugee Agency." *Localities* 6: 59−92.

제3부

(탈)분단과 공생:
탈북민과 남북관계

제6장

탈북민과 더불어 공생사회 만들기

이지연

Ⅰ 분단이 낳은 우리 안의 이방인들

1994년 5월 9일, 이영순 씨는 남대문 경찰서에 가서 귀순 신고를 했다. 1937년 강원도 화천에서 태어난 그녀는 한국전쟁 중 부모를 잃고 북한의 여러 지역을 전전하며 어려운 삶을 이어갔다. 23살 되던 해 '중국에 가면 잘살 수 있다'는 말을 듣고 두만강을 건너 중국으로 갔고 그곳에서 조선족 남편을 만나 살았다. 그러던 중 1992년 한중 수교가 이뤄지면서 중국 동포인 남편을 따라 남한에 입국했다. 그러나 남편이 식당·여관 등지에서 일하던 중 취객들 간 다툼에 휘말려 사망하였다. 이제 그녀는 더 이상 중국 동포의 아내로 한국에 거주할 수 없는 상황이 되었고, 자신이 원래 '북한 사람'이었다는 것을 밝히기로 결심했다. 그렇게

119

대한민국에 '귀순'하면 신분을 얻어 살 수 있다는 희망으로 남대문 경찰서를 찾은 것이다. 그러나 경찰은 그 자리에서 그녀를 중국여권을 위조해 입국한 '외국인'으로 간주하고 출입국관리법을 위반한 '불법체류자'로 검거하였다.[1] 외국인보호소에 수용되고 1달이 채 지나지 않아 그녀는 '대한민국 밖으로 강제 퇴거' 명령을 받았다. 남한에 와서 2년 동안 그녀가 겪은 현실들은 남편의 죽음, 수용소 생활, 그리고 강제 퇴출이었다. 이영순 씨의 상황을 알게 된 시민단체들은 그녀를 도와 '강제퇴거명령처분무효확인 및 취소청구 소송'을 서울고등법원에 제기하였다. 소장에서 그녀는 "나는 북한 공민권을 가진 대한민국 국민"이라며 "중국여권을 갖고 있다는 이유로 강제퇴거처분을 내린 것은 부당하다"고 주장했다.[2] 약 2년여 년간의 법적 공방이 이어진 후 1996년 11월 12일, 이영순 씨는 1995년 "북한 국적의 주민도 대한민국 국민이다"라는 요지의 판결을 받았다. 재판부는 판결문에서 "이 씨가 중국여권을 갖고 입국했으나 중국주재 북한대사관에서 발급한 해외공민증을 갖고 있는 만큼 중국인이 아닌 북한주민"임을 명시하면서 "헌법 제3조 규정(영토조항)의 취지에 비추어 북한주민은 대한민국 국민으로 인정해야 한다"고 밝혔다.[3]

1996년에 선고된 이 대법원의 판결은 이영순 씨 '개인'에 대한 판결일 뿐 아니라 당시 남한에 온 '북한 사람들'의 국적을 결정하는 중요한 판결이었다. 냉전 시기에는 북한에서 남한으로 온 사람들이 북한 체제를 부정하고 남한으로 온 귀순용사로 대접받고 있었고 그 수도 매우 희소했다. 그러나 1990년대부터 탈냉전의 도래로 남한에서 사회주의 국가들과도 국교를 맺게 되자, 북한을 떠나 제3국에서 살다가 혹은 제3국을 경유하여 남한으로 이동하는 북한 사람들이 급증했다. 이들은 귀순용사로

---

1) "이 여인을 아시나요" (한겨레 1994/5/14)
2) "중국여권 소지 북한동포 강제퇴거명령 무효 소송" (한겨레 1994/5/29)
3) 대판 1996.11.12, 96누1221.

불리던 탈북민들과 달랐다. 남한에 오기까지 서로 다른 삶의 궤적과 이동성으로 인해 북한 공민이었을 뿐 아니라 제3국에서 이주민, 난민 등 그 안에서도 이질적인 다양한 경험들을 갖고 있었다.

이들은 실질적으로 남한에 새롭게 등장한 이방인들이었다. 이 이방인들은 귀순용사, 간첩, 동포, 불법체류자, 외국인 등 범주들을 상황적으로 표류하며 남한 사회에서 인정 혹은 배제되고 있었다. 중국에서 살거나 경유하여 남한으로 온 북한 사람들은 신분을 위장한 불법체류자로 출국조치를 받는 등 '숨어서 사는' 자들로 언론지상에 등장하기 시작했다.[4] 그러나 다른 한편에서는 러시아 벌목공 출신 박 모씨, 김포공항을 통해 입국한 북한 원자력 공업부 소속의 김 모씨, 가족이 단체로 남으로 온 여만철 씨 일가 등은 여전히 영광스러운 귀순 동포로 '환영받는' 자들이었다. 이렇게 북한 출신 사람들에 대해 일관되지 못한 차등적 처우에 문제제기가 일자 정부는 "북한 국적자의 국내 체류 허용 여부에 대해 확정된 방침은 아무것도 없고, 영주귀국을 허용하는 것은 법적인 문제라기보다는 국가정책적인 사항으로 관계부처와 계속 논의중"이라면서 보류된 형태의 답변만 하는 상황이었다.[5] 국가 기관들은 남한에 온 북한 사람들의 입국과 체류의 과정을 문제 삼거나 불법 혹은 위장이라는 해석을 내놓으면서 개인적인 신상에 따라 법적 지위 부여를 차별화했다.

이러한 와중에 1996년 이영순 씨의 대법원 판결은 "북한 사람이라면 대한민국 국민이 될 수 있다"는 법적 차원에서 일괄 원칙을 천명하는 중요한 계기였다. 이 판결이 북한 사람이라면 입국 경위나 체류기간과 상관없이 국적을 취득할 수 있도록 법적 토대를 마련한 것이다. 그리고 이 대법원 판결을 발판으로 하여 이듬해 1997년 '북한이탈주민의 보호 및 정착지원에 관한 법률'이 제정되었다. 이 법률이 제정되면서 남한에 온

---

4) "40년 걸려 간신히 왔는데 쫓아내다니 야속한 조국" (한국일보 1994/8/26)
5) "북한국적 중국동포 어떻게 되나" (한겨레 1994/9/5)

북한 사람들은 선별주의가 아닌 보편주의 원칙 하에 대한민국의 국민이 될 수 있었다. 현재의 시점에서 탈북민들이 대한민국 국적만큼은 자연스레(?) 취득하는 것 같지만, 1990년대 중반 이영순 씨 대법원 판결 전후의 풍경 및 일련의 사건들은 탈북민들의 대한민국 국적 획득에 있어 나름의 투쟁과 조정의 역사가 있었음을 보여준다.

그 이후 현재까지 남한에 입국한 탈북민들은 대한민국 '국민'으로서 살고 있다. 그러나 이들은 남한 출생의 국민들과 다른 '2등 국민'으로 살고 있다는 문제가 끊임없이 제기되고 있다. 북한 출신이라는 속성에 기반해 '북한이탈주민'이라는 범주로서 호명되는 탈북민들은 다시금 '우리 안의 이방인'으로 대상화되고 있다. 북한이탈주민은 대한민국이라는 국가 공동체의 구성원으로 동등한 정치적 '성원권'을 갖지만 우리 안에서 이질적인 '낯섦(strangeness)'을 드러내는 존재로서 소속되는 역설적 위치에 놓여 있다. 이 낯섦은 탈북민들이 특히 북한의 의미와 단절될 수 없는 순간에 더욱 극대화되는데, 그럴 때 탈북민들은 '경제적으로 열등한' 혹은 '정치적으로 위험한' 속성을 보유한 타자로 재현된다.

그러나 짐멜은 이방인의 '낯섦'이라는 것을 사회학적 의미에서 "하나의 특수한 상호작용의 형식"이며, 한 사회에서 "이방인에 대해 거리를 두는 기제는 공존의 형식과 조화로운 상호작용의 형식을 구성"하는 것을 보여준다고 하였다(짐멜 2005, 80). 이러한 짐멜의 이방인 및 낯섦의 개념에 비추어보았을 때, 남한에서 탈북민에 대한 담론들은 북한이탈주민 그 자체 속성의 발현이 아니라 남한에서 북한이탈주민과 상호작용하는 형식이 어떻게 구성되느냐, 나아가 남한에서 '분단'과 관련해 '사회적인 것'이 어떻게 구성되느냐를 밝히도록 해준다.

그러므로 탈북민이 남한에서 2등 국민으로 위계화되고 있는 현실의 문제는 탈북민들의 개인적, 집단적 속성에서 그 원인을 찾을 것이 아니다. 궁극적으로는 남한 사회에서 얼마나 분단의 경계를 넘은 이방인들을 환대하고 있는지, 그리고 남한 주민들이 탈북민과 더불어 얼마나 공생사회를 구현할 수 있는지 사유하고 그 실천 방안들을 모색할 수 있는 방향으로 나아가야 한다.

공생사회는 그 사회의 구성원들의 정체성의 차이들이 위계화되지 않고 유동적으로 어울리는 공생 문화(convivial culture)가 형성된 공동체이다. 길로이는 공생 문화가 형성된 공간에서는 인종적, 종족적 차이들이 평범한 것이 되며, 일상의 공간에서 다양한 문화들이 상호작용하면서 권력화되고 코드화된 형식들에 저항하고 민주주의를 강화시킬 수 있다고 본다(Gilroy 2006, 40). 혹자는 탈북민들은 외국인이 아닌 내국인으로 간주되고 남한 주민들과 같은 국민의 지위를 획득하기 때문에 다른 이주민들에 비해서는 남한 주민들과 공생사회를 만들어가기 더 용이하지 않을까 생각할 수도 있을 것이다.

그러나 분단된 한반도에서 남한과 북한이라는 이분법은 다양성에 기반한 '차이'로 귀결시킬 수조차 없는, 냉전의 역사에 배태된 채 지속되는 '적대'의 문제를 안고 있다. 이 이분법에서 남한에게 북한은 '적대화된 타자'이며, 이 이분법의 경계를 넘어온 탈북민들은 적대화된 타자에서 '우리'가 된 자들이다. 그러나 아이러니하게도 탈북민들이 '우리'가 되기 위해서는 남한 주민들과 달리 북한 정권을 부정하면서 대한민국의 우월성 내지 동일성을 증명해야 하는, '우리 안에서 타자화'된 위치에 놓인다. 즉, 탈북민들은 남한 국민이 되기 위해서라도 북한의 코드에서 분리될 수 없는 상태에 놓여 있다. 그리고 적대의 문제를 내재한 타자화된 위치에서 탈북민들의 행위는 쉽사리 '안보화'의 문제와 접목된다. 탈북민들의 행실 또는 삶의 방식들이 남한 사회에서 갈등적인 요소로 비화될 때, '정체성의 갈등'을 넘어 '주권의 위협'으로까지 해석되는 경우가 비일비재하다.

그러므로 북한과 남한의 적대적 공존체제가 지속되고 있는 구조 속에서 그 경계를 넘어온 탈북민들의 타자성은 차이를 존중하는 정체성의 정치조차 이뤄지기 어려운 관계성에 직면해 있다. 결국 탈북민과의 공생 사회를 구현하기 위해서는 구조적 차원에서 남북한 간 적대적 공존 체제가 평화 체제로 전환해야 하는 과제를 함께 안고 있다. 이렇게 보면 남한의 일상적 공간에서 탈북민과 공생 문화를 형성하는 문제는 다른 나라에서 온 이주민들보다도 더 복잡하고 어려운 것이 아닌가 생각이 들기도 한다.

그럼에도 불구하고, 현재 정치적 실천의 문제로서 탈북민과의 공생사회를 모색하는 것은 중요하다. 오히려 다양한 배경을 가진 탈북민과의 공생사회를 구현하는 과정에서 미시적 차원에서부터 일상적 공간에서 사람들끼리 상호작용을 통해 분단의 적대적 인식 틀에 균열을 내고 평화를 실현할 수 있는 방법들을 모색할 수 있을 것이다. 또한, 탈북민들의 남한에서의 삶을 그들의 문제가 아닌 우리, 즉 남한 사회의 문제로 전환시켜 바라볼 수 있는 출발점이 된다. 특히 탈북민을 대상화하여 그들의 적응 혹은 동화에만 집중했던 우리의 모습, 즉, 그동안 탈북민의 정착지원과 사회통합 중심으로 정책들을 실행해왔던 남한의 통치 방식을 재고해보게 한다. 이 정책들은 국가 기관들을 중심으로 정책의 실행과 효과를 관료적 합리화에 따라 집행하고 산출하는 방식에서 탈북민들을 하나의 범주 집단으로 더욱 획일화하고 대상화하는 의도하지 않은 비합리성을 드러냈다.

더 큰 문제는, 탈북민을 대상으로 관용과 인정을 베푸는 주인으로서 권위를 행사하고 있는 남한 국가와 시민들의 위치는 자연스러운 것으로 간주해왔다는 점이다. 그러나 탈북민의 삶을 재단·측정하거나 재현하면서 이들을 낯설게 또는 가깝게 만들어왔던 남한 사회의 담론들과 제도에는 바로 남한 사람들 자신의 주인으로서의 욕망과 정상성의 기준이 투영되어 있다. 이러한 남한 중심성에 대한 자각과 성찰이 수반될 때 탈

북민에 대한 관용 혹은 인정의 정치를 넘어서 환대를 실천하고 공생사
회를 구현하는 길이 시작될 수 있을 것이다.

본 저서의 1장에서 정리한 환대평화론과 공생육모는 남한 사회에서
탈북민의 삶과 공생사회의 조건들에 대해서 살펴볼 수 있는 유용한 틀
이 될 수 있다. 특히 공생육모의 여섯 가지 요소들은 공생사회를 만들어
나갈 수 있는 정치적·사회적 조건들에 대해서 짚고 있으며, 그 요소들
이 상호적으로 구성되는 것을 상정한다. 그러므로 이 글은 분단이 낳은
우리 안의 이방인으로 남한에서 살고 있는 탈북민들의 삶을 살펴보면서
남한 사회의 어떤 지점들에서 공생사회의 조건들을 만들어갈 수 있는지
탐색해보고자 한다.

II 이동과 정착, 그리고 법의 경계

법의 지배를 받는 자가 동시에 입법자임을 뜻하는 대중 주권으로서의
국민은 자기 입헌이라는 반성적 활동도 하며 이 과정에서 국민의 범위
를 재조정하기도 한다(벤하비브 2008, 73). 그렇기에 벤하비브는 우리 시
대의 시민권과 타자의 권리에 대한 사유를 통해 성원권의 정치학(politics
of membership)이란 바로 공식적 성원권과 더불어 민주적 발언권, 영토
적 거주 등을 복합적으로 협상하는 것임을 지적한다. 앞서 언급한 이영
순 씨의 사례 역시 이러한 성원권의 정치학을 보여주는 실례라 할 수 있
다. 법학자들은 이영순의 대법원 판결을 단순히 탈북민만의 성원권 논쟁
이 아니라, 일반적 차원에서 분단국가인 대한민국의 영토(한반도와 그 부
속도서)와 국민의 범위를 다시 법적으로 확인한 판결로서 중요성을 부여
한다. 이영순 씨 재판은 실질적으로는 북한 출생 탈북자들이 대한민국
국적을 취득할 수 있는가 여부를 판결하는 것이었다. 그러나 바로 그 판

결을 내리기 위해서는 대한민국의 헌법 및 국적법을 다시 해석하고 '대한민국 국민이 누구인가'하는 보편적 차원에서 국민의 범위, 그 경계를 재정의하는 과정이 수반될 것이다.

남한에 거주하는 탈북민들은 대한민국 국민으로서 법의 지배를 받고 있다. 그러나 그들의 삶에서 중요한 북한과 중국에 두고 온 '가족'의 문제는 다시 그 법의 경계를 넘나들게도 하며, 여전히 분단국가 법적 구조가 그들의 존재성을 다 담지 못한다는 것을 보여주고 있다. 가장 대표적인 예가 탈북민들이 북한에 있는 가족들에게 하는 송금이다. 북한에 두고 온 가족에게 돈을 보낸 경험이 있는 탈북민의 비율은 2015년 이후부터 현재까지 매년 60% 내외를 상회하였다. 이처럼 절반이 넘는 탈북민들은 그들의 일상 속에서 북한에 두고 온 가족들에게 돈을 보내는 경험을 하고 있다. 그런데 이 송금은 남북 간 경제 행위로 허용된 바 없기에 중국을 경유하여 북한으로 이어지는 브로커들의 비공식적 연결망을 통해서 이뤄진다.

그러므로 만약 탈북민들의 가족 송금에 '합법성'의 잣대를 들이댄다면, 국가보안법, 남북교류협력법, 외환거래법 등 관련 법률들에 의해서 비법적 혹은 불법적인 행위로 간주할 수도 있을 것이다. 그러나 이주민들에게 있어서 본국에 있는 가족과의 교류 혹은 재결합이 하나의 권리로 논의되고 있는 것과 비교해 본다면, 탈북민이 북한에 두고 온 가족들에게 하는 송금에 대해서 합법성 여부를 판단하기 전에 현재의 법과 제도가 그들의 존재성을 담지 못하는 지점이라고 이해할 수 있어야 한다. 그러한 열린 태도가 공생을 위한 법치의 실현에 중요하다.

또한 현재 탈북민들이 남한의 국민이 되었음에도 법적으로 취약한 상황이 일상적으로 발생하는데, 중국에서 출생한 자녀와의 관계가 가장 대표적이다. 특히, 탈북여성들은 중국에서 가족을 꾸려 살다오는 비율이 높기 때문에, 사실상 중국에 자녀들을 두고 오거나 한국에 데리고 온다.

탈북여성들이 어머니로서 갖는 권리는 자녀가 북한 출생이냐 중국 출생이냐에 따라 달라진다. 자녀가 북한 출생이면, 그 자녀가 북한에 거주하든 남한에 거주하든 상관없이 가족관계등록부에 모자 관계로 기재된다. 그러나 자녀가 중국 출생이면, 그 자녀가 중국에 있을 경우 모자 관계는 법적으로 성립될 수 없다. 그 자녀를 한국으로 데리고 와서 외국인에서 국민으로 귀화를 거쳐야만 가족관계등록부에 모자 관계로 등록된다. 그리고 이 귀화한 제3국 출생 자녀들은 북한 출생 자녀들이 받고 있는 수혜들로부터는 제외되거나 행정적으로 다문화로 편입되는 등 제도적 차등 대우를 받고 있다는 문제가 제기되고 있다. 이는 1장에서 서술했듯이 "아무리 포용적인 법치라 하더라도 이방인과 타자의 문제가 어떠한 모습으로든지 잔존한다는 점"을 상기시킨다. 탈북민의 존재성을 법이 다 포괄할 수 없다는 자세로서 법 그 자체도 성찰할 수 있을 때 그들이 맺고 있는 일상적 관계가 법의 규정으로 인해 오히려 제한되거나 취약해질 수 있는 현실적 위험을 줄이고, 동시에 다시금 법의 테두리 안으로 포용할 수 있는 열린 법치가 가능할 것이다.

Ⅲ 탈북민의 정치 참여:
동원과 자발성 사이에서

북한 사회주의 체제에서 공민으로 살던 탈북민들이 어떻게 남한 자유민주주의 체제의 시민이 될 것인가, 즉 탈북민이 남한에서 민주시민으로서 어떻게 정치적 주체화가 되느냐에 대한 관심은 적지 않다. 이는 단순히 이데올로기나 사상의 변화 여부 문제만이 아니다(오히려 이러한 관점은 한편으로 경계해야 하는데, 이는 탈북민의 정치화를 냉전 문화에 귀속시킬 위험이 있고, 결국 탈북민의 정치화를 안보화의 논리 하에서 해석하기 쉽기 때문이다).

그간 많은 학자들과 정책 전문가들은 집단적인 공산주의 정치 문화에 길들여져 있는 탈북민들이 개인주의와 자유주의에 기반한 정치 문화에서 어떻게 자율적인 시민성을 습득 혹은 계발할 수 있을지 고민해왔다. 그리고 탈북민들의 정치적 권리의 실현과 제약, 정치 참여의 유형들, 정치 활동이 그들의 삶에 미치는 영향 등을 통해서 그들이 한국사회에서 벌이는 인정 투쟁의 가능성과 한계를 가늠하는 것은 그들의 정치적 주체성의 형성에 접근하는 중요한 해석 중 하나였다.

한편에서는 시민사회 내 탈북민 관련 NGO들의 정치 활동이 비교적 활발하다는 점을 지적하면서, 탈북민들이 적극적인 '이익집단'으로 성장해 '자발성'을 갖고 지역 사회 단체들과의 연계 속에 적극적인 정치 활동을 하고 있음이 이야기되고 있다. 그러나 다른 한편에서는 탈북민들이 일당 2만 원을 받고 보수 집회에 몇 차례 동원되었다는 기사가 나면서 사회적 파장이 있었다. 어버이연합의 주도하에 탈북자들이 소위 '알바'로 2014년에 있었던 세월호 반대집회에 '동원'되는 일이 있었다는 것이다.[6] 이 사건은 남한에서 탈북민들이 정치적 동원의 대상으로서 도구화되기 쉬운 타자의 위치에 있음을 반증하는 것이었다.

이러한 자발성과 동원의 간극으로 드러난 현실은 탈북민들의 정치 참여가 단순히 그들이 정치적 권리를 획득하고 실현하고 있느냐 문제를 넘어서, 남한 주민들, 그리고 남한 사회에서 그들의 목소리를 들을 수 있는 준비가 되어 있느냐의 문제와 깊게 연관되어 있음을 보여주는 것이다. 또한 2014년 국가인권위원회에서 수행한 남한주민의 탈북민 인식과 관련된 조사에 따르면, 남한 주민들 중 자신이 살고 있는 지역의 국회의원이나 시장, 도지사를 탈북민이 역임하는 것에 대해서 받아들이기 힘들다고 한 비율은 45.7%였고, 보통이라고 답한 비율은 31.5%였다. 그

---

6) "어버이연합 집회 '일당 2만 원 탈북자 동원' 장부 나와" (경향신문 2016/4/11)

렇지 않다고 한 사람들은 22.8%에 그쳤다(국가인권위원회 2014, 109).

이러한 현실은 두 가지 측면에서 문제가 있다. 첫째는 탈북민들의 정치적 목소리가 제한될 수 있다는 점이고, 둘째는 탈북민들은 남한 국민이 되었음에도 남한 국민을 대표할 수 없다는 보편성의 부인이다. 탈북민들이 스스로를 2등 국민이라고 느끼는 지점들은 제도의 차등 때문이 아니라, 남한 국민들의 인식의 차별에 있다. 이 위계화는 탈북민들의 정치적 목소리를 물리적으로 외면할 뿐만 아니라 그들의 존재는 남한 국민이지만 남한 국민으로 온전히 받아들여질 수 없다는 결핍 그리고 소외의 자리를 지속시킨다.

Ⅳ 분단체제를 성찰할 수 있는 리더십

2018년 4월 판문점의 군사분계선을 앞에 두고 남북한 두 정상이 악수를 했다. 분단 이후 3번째 남북한 정상회담이었다. 평소에 알고 지내던 탈북민과 이 정상회담에 대해 이야기하는 중, 그녀는 이 악수하는 장면이 매우 불편했다고 말했다. 자신도 한반도 평화와 통일을 원하고 남북한이 협력하는 것도 좋다고 생각하지만, 남한의 수장이 북한 독재 정권을 인정하는 것과 같은 모습으로 비춰졌기 때문이라고 했다. 그리고 북한에 우호적인 정권이 들어서면 남북관계를 위해 북한의 눈치를 보기 때문에, 자연히 남한에 살고 있는 탈북민들에게는 더욱 소원해질 수밖에 없으며 실제 혜택도 줄어드는 것 같다고 덧붙였다.

위의 예에서 비춰봤을 때 탈북민들이 정권의 변화에 민감하다고 한다면, 그것은 각 정권이 추구하는 남북관계의 방향설정에 따라 남한에 살고 있는 탈북민의 존재감도 변한다고 믿기 때문이다. 탈북민들은 이를 단순히 변화로서만이 아니라, 때로는 남한에서 자신들의 주권에 위협을 가하는 것으로 느끼기까지 한다. 실제로 정권의 변화에 따라 제도적으로 탈북민 혜택이 줄었는지 살펴보면 꼭 그렇지는 않다. 오히려 정착지원을 기초로 복지 혜택들은 시간이 지나면서 더 증가하고 정교화되어 왔다. 그럼에도 불구하고 이들이 느끼는 정권의 차이가 있다고 느끼는 이유는 상징적이고 사회적인 인정 차원에서 변화가 있다고 느끼기 때문이다.

현재 남한에 살고 있는 탈북민들의 삶에서 가장 중요한 리더십은 어떤 성향의 지도자나 정권이냐가 아니라, 어떤 지도자나 정권하에 있더라도 기본권이나 존재감에 불안을 느끼지 않을 수 있는 신뢰와 안정감에 기반한 민주적 관계성을 구축하는 데 있다. 탈북민들이 경계인으로서 겪는 이중적인 감정들이 남한 사회에서 살아가는 데 불안이나 갈등으로 되지 않도록 최소한의 안정감을 갖기 위해서는 오랜 냉전과 분단의 잔재에 사회가 쉽게 갈등에 빠지지 않도록 하는, 즉 분단체제 자체를 성찰할 수 있는 정치적 리더십이 구축될 때 가능하다.

탈북민들에게는 정권과 상관없이 일상에 흔들림 없는, 주권과 기본권에 위협을 느끼지 않고 일상적 삶이 안정적으로 보장될 수 있는 기본적인 리더십이 필요하다. 이것은 시민이 국가에 기대할 수 있는 가장 이상적인 리더십인 것 같지만, 동시에 가장 기본적인 리더십이다. 이러한 신뢰와 안정감에 기반할 때만이, 사회 내에서의 집단 간 혐오나 폭력 등이 불거질 때 갈등을 관리할 수 있는 통치 역량을 기대할 수 있는 것이다. 그러나 이러한 통치 역량은 단순히 중재자, 조정자로서 중립적인 역할을 뜻하지 않는다. 베버가 말한 법적·합리적 정당성에 기반해 제도적 신뢰를 유지하는 역량을 발휘하되 때로는 카리스마를 통해 사회 내 극단적인 폭력 상황에서는 단호한 가치 판단을 내리고 평화를 지향하는 정치를 끌고 갈 수 있는 혼합적인 리더십이 있을 때 가능하다.

V 자립과 사회통합 담론들: 사회적 정의의 딜레마

탈북민에 대한 정착지원 정책들은 2000년대 중반 이후부터 탈북민들의 '자립'을 목표로 체계화되고 있다. 단순한 현금성 지원을 대폭 줄이고, 취업을 위한 교육 서비스 중심으로 재편하고 취업 후 근속기간에 따른 인센티브를 제공하는 등 적극적 노동시장 정책을 지향하고 있다. 탈북민들이 남한에서 경제적으로 독립된 주체가 되어야 한다는 데에는 탈북민들 각자가 처한 가난이나 사회적 불평등 문제를 해결하기 위함만이 아니다. 탈북민을 대상으로 한 이 목표에는 독특한 두 가지 맥락이 자리 잡고 있다. 첫째는, 사회주의 체제에서 살던 탈북민들이 자본주의 체제에 잘 적응하여 남한 시장에서 노동자로 잘 안착한 '바람직한' 경제 주체가 되는 것이다. 둘째는, 국가에 장기적으로 부담을 주는 세금에 의존하는 시민 집단인 탈북민을 효율적으로 관리하여 궁극적으로 세금을 내는 '정상적'인 시민들로 전환시킨다는 데 있다. 그러나 이 과정에서 탈북민들은 사회적 비용으로 계산되고, '특혜'라는 낙인화된(stigmatized) 미명 하에 수혜(benefit)와 의존(dependency)의 이중적 담론들이 동시적으로 생산되었다. 이는 탈북민에 대한 복지의 정치에 재분배(redistribution)와 인정(recognition)의 문제가 복합되어 있음을 보여준다.

현재까지 탈북민에 대한 정책들은 환대보다는 관용(tolerance)에 기반했다. 관용은 평화주의를 내걸고 있으면서 실은 존재하지 않았으면 하고 바라는 것, 바람직하지 않은 것, 부적절한 것 등을 규제하려는 시도를 의미한다. 그러므로 관용은 잠재적으로 해로울 수 있는 차이를 포용하는 덕이라기보다는 그러한 차이로 재현된 위협을 관리하는 통치 방식으로 드러난다. 여기에는 주인 혹은 관용을 결정할 수 있는 '권위자'의 자리가 함축되어 있다. 결국 관용은 포용이라는 부드러운 가면을 쓴 주인의 권력 행위이다(브라운 2010, 58-62). 탈북민들에 대한 정착지원 정책들은 사실상 남한의 체제에 이들을 어떻게 편입시키는 것이 가장 효율적이고 안전한지 그 관리에 중점을 두었다. 이 정책들은 탈북민들을 통해 남한 주민과 사회가 함께 어울려 변화하는 구도를 그리는 게 아니었다. 공고한 남한 사회의 경제 체제와 문화에 탈북민들이 동화될 수 있도록 참아주거나 기다려주는 '겸손한 우월함'을 미덕으로 삼는 것이었다.

남한 사회가 탈북민에 대해 관용에서 환대로 그 정치적 방향을 전환하기란 쉽지 않다. 그러나 여태까지 해왔던 관용에 기반한 탈북민 정책의 한계는 분명해 보인다. 사회통합을 외치고 경제 지표상 탈북민들의 경제활동 참가율이 높아지고 생계급여 수급률이 낮아지는 등 그들의 경제적 생활이 집단적으로 개선되는 것처럼 보이지만, 남한 주민들이 탈북민에 대해 가진 편견이나 사회적 거리감은 좀처럼 줄어들지 않고 한편으로 더 악화되는 디커플링이 나타나는 것이다. 어쩌면 환대를 논하기전에, 관용의 미덕을 최소한이나마 가능하게 하는 제도들 이면에 남한 주민들이 가진 탈북민에 대한 관용의 수준이란 것도 실상 그리 높지 않았음을 먼저 고백해야 할지도 모르겠다.

VI 재현의 정치와 타자화 기제들에 대한 성찰

2019년 6월 기준 남한에 거주하는 탈북민은 약 3만 3천여 명이다. 남한 전체 인구 약 5,000만 명과 대비했을 때 학교, 일터, 거주지 등 일상적 공간에서 탈북민과 직접 대면하고 교류하는 남한 주민들은 그리 많지 않을 것이다. 다만 2010년 전후 종합편성채널이나 뉴스 등 탈북민 관련 프로그램과 보도가 많아지면서, 대중매체를 통해 탈북민들의 얼굴을 보고 목소리를 듣는 기회는 폭발적으로 증가했다. 사실상 남한 주민들이 탈북민의 존재에 대해서 어느 정도든 '알고 있다'라고 말할 때, 실제로 만나 대화를 나눈 소통의 경험을 통한 것이기보다 미디어를 통해 '재현'되는 탈북민의 모습과 이야기에 근거해 지식화한 부분이 더 크다.

그러나 현재 한국에서 탈북민들을 대상으로 제작하는 프로그램이나 뉴스들은 "탈북민들이 하고 싶은 말이 무엇인지"가 아니라 "남한 청자들이 듣고 싶어 하는 말이 무엇인지"에 집중하여, 그 남한 청자들의 욕망을 충족시키는 방식으로 구성되고 있다. 그렇기 때문에 탈북민의 미디어 출현은 남한 콘텐츠 시장의 '상품화'의 속성에 편승한 것이다. 그 속성은 크게 두 가지 유형으로서 분류될 수 있다. 하나는 남한 정권의 우월성에 기반한 통일의 상품화이고, 다른 하나는 남한의 가부장성에 기반한 성애화된 방식의 상품화이다. 이런 조건 속에서 폭발적으로 증가한 미디어에서의 탈북민 재현은 오히려 남한 청자 중심의 일방향의 관계 속에서 얻은 '물화된' 정보들을 가지고 '그들을 알고 있다'고 오인하게 하는 부정적 효과를 낳는다. 오히려 타자의 낯섦을 대면하거나 그들의 감정, 나아가 고통에 대해 경청하지 않고도 그들을 알고 있다고 합리화(손택 2004)하는 또 다른 위험을 낳기 쉽다.

타자의 존재를 있는 그대로 보려는 대면소통 지향의 문화는 '경청'을 바탕으로 한다. 이 경청은 내가 타자에 대해서 '알고 있다'고 단언하지 않고 '모를 수 있다'는 가능성에서 대화를 시작하고자 할 때 가능하다. 세넷은 경청이 타자와 함께 살아가는 협력(cooperation)을 위한 중요한 대화의 기술로 보며, 이를 위해서 공감(sympathy)보다 감정이입(empathy)을 더 강조한다. 세넷은 공감은 타자와의 동일시를 통해서 차이를 극복한다는 점에서 감정이입보다 강렬한 감정이지만, 경청에 있어서는 감정이입이 더 강력한 실천이라고 지적한다. 감정이입은 타자와의 거리와 차이를 인지하면서도 견해와 경험들에 대한 반응을 지켜보게 하기 때문에 경청의 기술을 더욱 요구하기 때문이다(세넷, 2013, 46-52).

남한 주민들이 탈북민들을 환대하기 위해서 필요한 감각은 어쩌면 공감보다 감정이입일 수도 있을 것 같다. 사실 다른 이주민들보다도 탈북민에 대해서는 같은 민족의 일원이자 분단의 경험을 겪고 있다는 공통성에 기반해 더 쉽게 동일시하고 공감을 갖는다. 그러나 그 동일시에 기반한 공감이라는 강렬한 감정이 오히려 탈북민들과의 조우에서 예상치 못했던 이질성이나 차이들에 대해서 냉정하게 바라보지 못하게 할 수도 있다. 이미 탈북민에 대해 안다고 혹은 공감하고 있다고 동일시하며 타자와의 거리를 일방적으로 극복하고자 하는(이것이 '동화'의 기제) 남한 주민들의 욕망을 먼저 들여다본다면, 일방적인 공감이 아닌 차이를 인지하고 그 간극을 경청을 통해 상호 이해로 이끌어내는 감정 이입의 과정이 비로소 시작될 수 있을 것이다.

Ⅶ 개인화된 교육 자본에서 '문화 간 대화' 교육의 장으로

탈북민들에 대한 교육은 주로 탈북민들이 남한 사회에 적응할 수 있는 지식을 습득하고 활용할 수 있는 '자원'을 제공하는 것으로 이해되고 있다. 이러한 도구적인 가치 역시 매우 중요하지만, 사회적이고 문화적으로 교육이 갖는 가치와 활동들은 상대적으로 결핍되어 있는 상황이다. 현재의 탈북민에 대한 교육은 일차적으로는 교육의 기회를 확대하여 학력 자본을 형성할 수 있도록 지원하는 것이었다. 그리고 탈북민에게 유독 특수하게 중점을 둔 부분은 북한에서부터 제3국을 거쳐 남한에 오기까지 그들이 겪은 고통과 어려움들을 트라우마로서 관리할 수 있는 심리적 지원을 상담이나 교육의 형태로 제공하는 것이다.

교육 활동은 그 자체로 대화적이고 사회적인 것인데, 배우는 사람들끼리 그리고 배우는 사람과 가르치는 사람 간에 함께 어우러지고 궁극적으로는 그 상대적 관계가 역전되기도 하면서 더욱 풍요로운 가치를 만들 수 있기 때문이다. 그러나 탈북민들을 대상화하여 개별적 교육 자본을 형성하는 것 혹은 심리 상담을 통해 삶의 경험들을 트라우마로 간주하는 교육들은 탈북민들이 남한 사회에서 문화적으로 어울릴 수 있는 기회를 제공하기보다는 그들의 삶의 방식을 오히려 '개인화'한다는 점에서 문제가 있다. 탈북민들이 남한 사회에서 받는 교육들은 사회적인 안전망이나 문화적 교류를 증진시키기 보다는, 개인으로서의 자신의 심리적, 물질적 역량들을 스스로 책임지고 관리해야 한다는 신자유주의적 속성과 친화성이 높다.

또한 다른 한편에서 현재 '탈북 청소년'으로 불리는 북한이탈주민 자녀들은 처음에는 남한의 공교육 과정에 편입되지만, 다른 출신 배경과 문화를 가진 학생들이 자리를 찾기 어려운 교육 문화 및 입시 위주의 서열화된 교육 시스템에서의 경쟁 체제에 적응의 어려움을 호소하면서 대안학교로 그 발길을 돌리기도 한다. 그리고 대안학교는 탈북 청소년들에게 맞춤형의 특화된 교육 서비스를 제공하기도 하지만, 남한 출생의 학생들과 일상 속에서 자연스럽게 어울리는 기회를 갖지 못한 채 그들끼리 분리되는 부정적 효과도 낳고 있다. 이와 같이 탈북 청소년들이 한국 교육제도에서 겪는 어려움은 그들의 적응력의 문제로 돌리기 이전에 한국사회에서의 교육이 학생들 개인 간 경쟁을 강조하는 입시 위주의 교육으로 획일화되어 있음을 더 선명하게 보여주는 듯하다. 이러한 교육 문화에서는 자연히 문화다양성의 가치와 타자와의 차이를 자연스럽게 수용하는 교육이 이뤄지기 어렵다.

또한 현재 '탈북 청소년'으로 범주화되는 북한이탈주민 자녀들은 '북한 출생' 뿐만 아니라 '중국 출생', 그리고 더 넓게 보면 남한 출생의 자녀들도 함께 포함되어 있다. 북한 출생의 자녀들은 북한 사투리로, 중국 출생의 자녀들은 한국어 구사에 어려움으로 일반 학교에서의 다양한 어려움을 겪는다. 특히 후자의 경우는 다문화의 범주에도 속하는 등 탈북민들 자녀는 '북한' 혹은 '남한'이라는 이분법으로 담을 수도 없는 현실이다. 그러므로 탈북 청소년뿐만 아니라 남한 청소년 모두를 포함해 한국의 청소년 교육은 우선적으로 민족주의적 사고에서 벗어날 수 있어야 되며, 그것이 장차 한국사회에서의 구성원 간 상호 존중과 공생의 길로 나아가는 데 필수적인 과제이다. 더 나아가 북한 출신 혹은 제3국 출신의 탈북 청소년들 그리고 이주민 자녀들이 공존하는 교육의 현장에서, 이제는 사회 구성원 간의 다양성을 존중하고 '문화 간 대화'를 학습하고 실천할 수 있는 교육은 장차 한반도의 공생사회를 형성하는 밑바탕이 될 것이다.

참고문헌

국가인권위원회. 2014. 『북한이탈주민에 대한 국민의식 및 차별실태조사』. 국가
　인권위원회.
벤하비브, 세일라. 2008. 이상훈 역. 『타자의 권리』. 서울: 철학과현실사.
브라운, 웬디. 2010. 이승철 역. 『관용』. 서울: 갈무리.
세넷, 리처드. 2013. 김병화 역. 『투게더』. 서울: 현암사.
손택, 수잔. 2004. 이재원 역. 『타인의 고통』. 서울: 이후.
짐멜, 게오르그 저. 2005. 김덕영·윤미애 역. 『짐멜의 모더니티 읽기』. 서울: 새
　물결.

Gilroy, Paul. 2006. "Multiculture in Times of War: An Inaugural Lecture
　Given at the London School of Economics." *Critical Quarterly* 48(4):
　27－45.

제7장

탈분단의 상상과 남북 공생

모춘흥

Ⅰ 들어가는 말

우리는 2018년 2월 평창올림픽에서 분단을 넘어선 남북 공생의 가능성과 함께, 새로운 질문을 마주하게 됐다. 남북 여자 아이스하키 단일팀 구성 과정에서 '공정성'이 훼손됐다는 문제가 제기된 것이다. 이에 문재인 대통령은 평창올림픽 개회식 사전 리셉션에서 "우리는 지난겨울 공정하고 정의로운 나라를 위해 촛불을 들었고, 이번 동계올림픽을 준비하면서 공정함에 대해 다시 성찰하게 되었습니다."라고 말했다(대통령비서실 2018, 266).

이후 2018년 4월 27일 북한 최고지도자가 남쪽 땅에 최초로 발을 내딛는 순간, 우리는 분단을 넘어선 남북 공생이 현실로 다가올 수 있는 상황을 꿈꾸었다. 그러나 남북 공생을 상상하고 준비하는 이 순간, 우리는 남북 공생이 지향해야 하는 원칙과 가치가 무엇인지에 대한 질문을 하게 된다. 이제 민족-국가중심 패러다임의 통일, 1민족 1국가 통일, 1민족 2국가 통일 등의 기존 통일방안에 대한 고찰과 함께, 분단을 넘어선 한반도의 모습을 그리면서 남북 공생의 길을 상상하게 된다.

사실 통일과 탈분단은 끊임없이 논의된 주제이다. 그러나 서로 이질적인 국가성을 갖고 있는 남과 북은 상대를 인정하지 않으면서 통일을 추구하는 역설 속에 살아왔으며, 이에 통일하자고 할수록 통일이 멀어지는 아이러니가 발생했다(김상준 2018, 40). 따라서 통일의 필요성을 당위적으로 주장하는 것에서 벗어나 남북 공생을 상상하는 가운데 분단극복과 통일을 준비하는 것이 보다 현실적이라고 할 수 있다. 본 장에서는 이러한 문제의식을 1장에서 서술한 환대평화의 시각을 바탕으로 도출한 공생사회의 여섯 가지 조건들을 중심으로 살펴보려고 한다.

Ⅱ 통일방안의 경계, 탈분단의 상상

2019년은 '한민족공동체통일방안'[1])이 초당적 협력과 국민적 합의에 의해 발표된 지 30년이 된 해이다. 이를 기념하여 김연철 통일부 장관은 "먼저 우리 안의 분단을 극복하는 것이 곧 남북의 분단을 극복하고 통일시대로 나아가는 데 중요한 원동력이 될 것"이라고 말했다(통일부 생생뉴스 2019/9/9).

민족공동체의 형성을 강조하는 통일방안은 분단극복과 통일의 핵심

---

1) 김영삼정부는 한민족공동체통일방안을 수정 및 보완하여 '한민족공동체 건설을 위한 3단계 통일방안(민족공동체 통일방안)'을 제시했다(통일원 1995, 76-90). 이후 '민족공동체 통일방안'은 우리정부의 공식적인 통일방안으로 지속되고 있다.

적인 가치를 '민족'에서 찾고 있으며, 이에 체제와 이념은 통일이라는 민족의 가치와 비교할 때, 부차적인 것으로 여겨졌다(정영철 2018, 235-239). 즉, 민족을 통일에 대한 당위성과 방식을 결정하는 핵심적인 요인으로 인식한 것이다.[2] 그러나 오늘날 민족이 갖는 위상이 약화된 만큼, 분단을 넘어서는 탈분단과 통일을 사유하는 맥락도 변하고 있다(이석희·강정인 2017, 22). 평창올림픽 남북 여자 아이스하키 단일팀에 관한 논란은 새로운 통일과 탈분단 담론의 필요성을 제기한 대표적인 사례라 할 수 있다.

그럼에도 불구하고 민족에 기초한 통일방안은 "분단은 악, 통일은 선"이라는 논리를 벗어난 사유를 제한한다. 민족이라는 이름으로 개인의 이익을 침해하는 것이 더 이상 정당화되지 않는 시대적 맥락이 사장된 것이다. 이렇듯 민족중심의 통일방안은 통일 그 자체를 목적으로 하면서 그 안에 존재하는 다양한 차이와 가치들을 억압하는 역할을 수행하고 있다(박영균 2014, 135). 그러나 왜 통일인가에 앞서, 왜 분단을 극복해야 하는가라는 질문에 주목하면 통일의 민족사적 의미와 함께, 탈분단이 민중을 위한 최선의 대안이 될 수 있다는 점이 보다 중요해진다(백낙청 2006, 80-84; 이석희·강정인 2017, 7).

또한 기존 국가주의 통일론과 민족주의 통일론은 '분단-통일'의 도식화된 틀로 통일을 바라보는 우리의 시선을 가두어놓았다(정영철 2019, 48). 대표적으로 분단체제가 유지되는 과정에서 개인, 자유, 인권이 국가와 민족이라는 가치를 지킨다는 명분하에 훼손되었던 현실에 눈을 감았던 것이다(박명림 2004, 257). 임지현의 표현을 빌리면, "민주주의를 지지하면서도 반공주의를 견지"하는 상황이 나타났던 것이다(임지현 2000, 15).

---

2) 한편 한민족공동체통일방안은 민족이 하나로 통일돼야 한다는 당위성에 기반을 두고 있지만, 민족공동체 통일방안에서는 민족의 당위성이 다소 약화됐다고 설명하는 시각도 존재한다.

아울러 기존의 "분단은 악, 통일은 선"의 흑백논리로는 분단이 야기한 남한 사회의 구조적 병폐에 대한 성찰보다는 통일의 당위성이 보다 중요하게 고려될 수밖에 없다.

이렇듯 국가—민족 중심의 통일방안으로 인해 탈분단의 자유로운 상상이 제약될 수밖에 없다. 물론 '국가'와 '민족'의 의미를 배제한 채 분단을 넘어선 탈분단과 남북 공생을 논할 수는 없다. 기존 통일방안의 한계에 대한 지적은 국가와 민족에 매몰된 채 통일의 당위성과 필요성을 강조한 데 있었다. '국가'와 '민족' 중심의 통일방안이 분단을 넘어선 탈분단과 남북 공생의 본질보다 더 중요하게 부각됐던 것이다.

그러나 여전히 '국가'와 '민족'이 통일과 탈분단에 대한 상상을 주도하는 상황에서 이 두 핵심가치를 소거한 채 탈분단과 남북 공생을 논하는 것은 또 다른 문제를 야기할 수 있다. 어떻게 탈분단의 계기를 마련할 것인가를 추동할 수 있는 근본적인 동력을 제공하는 것조차 국가와 민족에 있기 때문이다. 이런 측면에서 탈분단과 남북 공생은 국가와 민족의 가치와 역할을 새롭게 상상해야 하는 시대적인 과제를 요청한다(정영철 2019, 54-58).

국가—민족중심 통일방안의 유용성이 다소 약화된 현재, '국가'와 '민족'의 가치를 강조하는 것도 답이 아니고, 그렇다고 이 두 가지 핵심가치를 외면한 채 탈분단과 남북 공생을 모색하는 것은 탈분단에 대한 무관심을 야기할 수 있다. 결국 탈분단과 남북 공생의 실천 과제는 국가—민족 중심의 통일방안의 현실적 유용성을 키우는 것이며, 그 과정에서는 통일방안뿐 아니라 공생사회의 다른 요소들의 복합적 작용이 요구된다.

Ⅲ 참여와 공감, 북한이주민의 호소

영국에 거주하는 북한이주민 최승철 씨는 남한정부가 통일돼서 평양 시민 200만 명을 지금 북한이주민들 대하듯 하면, 통일 안 한다고 때려 치우라고 할 것이라고 말했다. 또한 그는 남한정부와 사회가 통일을 논하기에 앞서 북한이주민에 대한 처우와 인식부터 바꾸어야 하며, 북한 인권 이야기하기 전에 북한이주민 인권부터 이야기해야 한다고 주장했다(프레시안 2019/9/18). 북녘을 떠나 상처받은 몸과 마음을 지닌 채 온 남녘 땅을 등지고 제3국으로 향한 한 북한이주민의 외침은 얼마나 그동안 우리가 북한이주민들이 처한 어려움을 외면했는지를 상징적으로 보여준다.

사실 분단을 넘어선 남북 공생은 남북한의 쌍방 지향적 관계를 토대로 한 신뢰에 기반하여 이루어질 수 있다. 이때 북한 사회나 주민들에 대한 무관심이나 방관의 자세가 아닌, 지속적인 관심과 그들을 이해하려는 마음의 자세가 중요하다. 그러나 현재 상황에서는 우리 사회에 들어온 북한이주민의 말에 귀를 기울여 공감해주는 것이 그 출발점이 될 수 있다(이범웅 2016, 67). 즉, 북한이주민의 아픔에 공감하고 그들의 호소에 귀를 기울이는 노력은 탈분단과 남북 공생을 위한 첫 삽을 뜨는 것이다.[3]

대다수는 돈 문제가 남북 공생에 있어서 가장 중요하다고 생각한다. 그러나 돈보다 중요한 것은 공감능력이다. 부족한 재원은 해외에서 빌릴 수 있고 국채 발행을 통해서 해결할 수 있지만, 북한주민들의 아픔을 공감하고 그들을 배려하는 태도는 어느 누구로부터도 빌릴 수 없다(중앙일보 2014/8/14). 이점에서 "좋은 통일은 정책과 돈으로만 되는 것이 아니

---

3) 물론 북한주민과 북한이주민은 같지 않으며, 어떤 측면에서는 북한주민들은 나(우리)의 생활공동체 안에 들어온 사람들이 아니기 때문에, 북한이주민들보다 포용하고 환대하기 쉽다.

라 우리 사회의 품격이 만들어 가는 것"이며, "우리는 북한주민에게 공감의 능력으로 다가갈 수 있어야 한다"는 이범웅의 주장이 와 닿는다(이범웅 2016, 74).

물론 공감만으로는 부족하다. 우리 사회에서 북한 사회와 주민들을 이해하려는 시도가 수반돼야 한다. 북한 사회와 주민들과 공생하기 위한 사회를 만들기 위해서는 이들의 목소리가 공적 영역에서 반영될 필요가 있다. 다만 남북 공생을 상상하는 현 시점에서는 분단고통과 공감하기 위한 시작은 북한이주민의 호소에 경청하는 것에서부터 시작해야 한다. 이를 위해서는 북한이주민들이 자신들을 위한 정책과 제도를 수립하는 과정에 적극적으로 참여할 수 있어야 한다.

북한이주민들이 자신들의 문제를 파악하고 스스로 문제의 해결방안을 찾으며, 그 과정에서 의사결정 권한을 손에 쥐고 이를 이행하는 단계에 주체적으로 참여할 수 있다면, 이렇게 결정된 정책에 대해 정부와 지자체의 이행의 책무는 높을 수밖에 없다. 여기에서 북한이주민들의 참여는 자신들을 위한 관련 법·제도에 참여하는 것에서부터 미디어의 제작에 이르기까지 매우 다양한 방식으로 이루어질 수 있다. 다만 남한주민들이 일상에서 북한이주민들을 만날 기회가 거의 없는 현실을 고려한다면, 미디어에서 재현된 이들의 모습과 목소리가 매우 중요하다. 그렇기에 북한이주민들의 필요와 목소리를 적절하게 반영한 보도 및 프로그램 제작이 매우 중요하다.

여기에서 그동안 미디어 속에서 재현된 북한 사회와 북한이주민의 모습의 특징은 무엇인가. 한마디로 공감은 찾아보기 어렵고, '타자화'내지 '대상화'로 요약할 수 있다. 이와 관련하여 한 북한이주민은 "북한의 열악한 환경에 대해 설명할 때 왜 그렇게 되었는지에 대한 성찰적 노력과 이해"가 보이지 않는다고 말했다.

물론 최근 들어 일부 북한이주민 활동가를 중심으로 자신들이 겪었던 경험을 토대로 자신들의 모습과 목소리가 반영된 미디어 프로그램을 만들려는 움직임이 나타나고 있지만, 이 역시도 일회성으로 그치는 경우가 대부분이다.

결국 우리 내부에서 분단을 넘어선 탈분단과 남북 공생을 준비하기 위해서는 다시금 공감능력에 주목할 필요가 있다. 김연수는『밤은 노래한다』에서 "자신이 무엇을 간절히 소망하고 무엇을 그토록 두려워하는지 알게 되면 자신이 누구인지 말할 수 있을 것이다"고 말했다(김연수 2016, 259). 이제 우리는 북한이주민들이 소망하고 그들이 두려워하는 것에 대해 공감해야 한다.

물론 우리에게는 낯설고 이해하기 어려운 타자인 북한이주민의 아픔에 공감하는 것도 어려운 상황에서 북한 사회나 주민들의 고통에 공감하는 것은 더더욱 어려운 일이다. 이러한 과정에는 남남갈등, '퍼주기 논란', 이질성의 극복, 화해와 치유의 문제들이 맞물려 있기 때문이다.

Ⅳ 경청의 리더십, 남남갈등 해소를 위한 길

리더십은 남북 공생을 위한 정책과 법·제도를 마련하는 데 핵심적인 요인이다. 여기서 지휘와 통제에 기반한 리더십보다는 소통과 경청의 리더십이 보다 큰 효과를 발휘하곤 한다. 많은 사람들이 리더십을 논하면서 프란치스코 교황에 주목하는 이유이다. 대표적인 예로 "세월호 유족 고통 앞에서 중립을 지킬 수 없었다."는 말과 함께 세월호 유가족을 따뜻하게 안아주었던 교황의 모습은 리더에게 있어서 소통이 얼마나 중요한 덕목임을 깨닫게 해준다.

본 장의 주제인 탈분단과 남북 공생의 길을 모색하기 위해서는 다른 의견과 그에 따른 갈등관계 속에서도 적극적 소통을 위해 경청하려는 태도, 즉 경청의 리더십이 매우 중요하다. 경청의 리더십은 북한 및 통일문제와 관련하여 서로 다른 의견을 둘러싸고 나타나는 갈등이 순기능을 넘어 심각한 역기능을 노정하고 있는 현 상황에서 매우 중요하다. 특히, 극단적 소수가 탈분단과 남북 공생에 대한 논의를 점유하는 상황에서 리더가 보여주는 경청의 태도는 남남갈등을 해소할 수 있는 방안이될 수 있다.

문재인정부의 대북정책인 "문재인의 한반도정책"에 집중하면 두 차원의 경청의 리더십을 이야기할 수 있다. 하나는 정부의 대북정책과 관련하여 정치인들이 보여주는 태도이며, 다른 하나는 정책 결정과 집행 과정에서 국민들의 참여를 독려하는 것이다.

전자의 경우는 대통령을 포함한 정부와 여야 정치인들의 역할이 중요하다. 대표적인 예가 김대중정부에서 '햇볕정책'을 최일선에서 진두지휘했던 박지원 의원을 떠올릴 수 있다. 박 의원은 남북평화를 위해서는 보수와 진보의 합치점을 찾아야 한다고 주장하는 가운데, 문재인정부가 평화에 기반한 대북정책을 추진하는 가운데에도 안보는 빈틈없이 추진해야 한다고 주장한다. 박 의원의 아래 발언은 문재인정부의 대북정책에 대한 그의 인식과 우려를 잘 보여준다.

> 한반도 평화를 가져온 것은 대단한 겁니다. 그런데 안보 면에서 실수하거나 단호한 대처를 못한다면 그에 대해 국민들에게 마땅한 설명을 해야합니다. … **문 대통령이 대북 유화정책을 쓰기 때문에 더 안보를 챙겨야합니다.** … 지금 문재인정부는 튼튼한 안보와 한미 동맹, 한미일 공조에대해서 간과하고 있다고 봐요(박지원 국회의원 디지털타임스와 인터뷰(2019/8/1))

본인 스스로 문재인정부 출범 이후 수많은 언론매체에서 문 대통령의대북정책의 수석대변인 역할을 했다고 설명하는 박 의원의 문재인정부

대북정책에 대한 우려와 비판은 그동안의 정치인들이 보여준 태도와는 사뭇 다르다. 즉, 박 의원의 주장은 보수야당의 문재인정부의 대북정책에 대한 비판을 경청하고 건설적으로 수용한 것으로 보이며, 이를 통해 문재인정부가 자신들의 대북정책을 수정 및 점검을 할 수 있는 운신의 폭을 넓혀주었다는 점에서 주목할 만하다.

한편 남북 공생을 위한 준비는 국민들의 적극적인 참여로부터 시작하는 것이 바람직하다. 그동안 대북·통일정책은 정부가 의제를 독점하고 일부 정치인들과 전문가들만의 참여를 통해서 정책을 일방적으로 발표하는 데 그쳤으며, 그로 인해 통일과 남북 공생에 관한 다양한 관심과 이해를 가진 민간단체들과 시민들은 정책 생산 과정에서 배제됐다. 문재인정부의 '통일국민협약'은 이러한 시대적 요구에 대한 응답으로 나왔다. "국민의 생각이 새로운 한반도를 만듭니다."라는 구호의 통일국민협약은 하나의 정책을 놓고 상이한 의견을 조율해 합의 기반을 넓히는 방식을 뛰어넘어 정책 설계와 구상 단계에서부터 민간의 참여를 보장한다는 점에서 창의적인 기획이라고 할 수 있다(성기영 2017).

이상의 남북 공생과 관련하여 반대진영의 비판에 대한 정치인들의 경청의 리더십과 국민들의 적극적인 참여를 제도적으로 보장하는 것은 남남갈등 해소와 남북 공생을 위한 추진동력으로 기능할 수 있다.

물론 경청의 리더십만으로는 부족하지만, 경청의 리더십은 공생사회의 다른 조건들을 매개하여 분단을 넘어선 남북 공생의 토대를 마련하는 데 주된 역할을 할 수 있다.

V 사회 정의, '퍼주기 논란' 극복의 방안

2018년 한동안 악화일로에 놓여있었던 남북관계가 개선되면서 남북교류, 대북지원 재개, 개성공단과 금강산 재개의 문제를 둘러싸고 논쟁이 벌어졌다. 새롭게 논쟁이 벌어진 것이 아니라 원래 있었던 논쟁이 재현됐다고 보는 게 보다 정확한 표현이다. 특히, 2019년 남북 정상이 개성공단 재개 관련 언급을 하자, 이를 놓고 일부 보수정치인들과 전문가들은 남북경협으로 위장된 북한 퍼주기 정책이라고 폄하하기도 했다.

이렇듯 '퍼주기 논란'은 우리 사회의 대표적인 남남갈등의 소재이며, 특히 정치권의 대표적인 정쟁의 주제이다. 진보에서는 대북지원과 남북교류는 남북한의 경제격차를 해소하여 궁극적으로 통일비용을 줄인다는 점에서 퍼주기란 주장은 말도 안 된다고 주장한다. 그러나 일부 정치인은 "개성공단 만들어 기업들 이전시켜 국내 일자리 없애고, (개성공단 노동자) 임금 중 일부가 핵 개발에 쓰였을 것으로 강하게 의심되는 상황"이라고 주장한다(한겨레 2019/2/7).

해묵은 논쟁이긴 하지만, '퍼주기 논란'이 계속적으로 제기되는 상황에서 남북 공생을 낙관하기는 어렵다. 이에 반복되는 불필요한 논란을 미연에 막기 위해서라도 사회 정의 차원에서 남북교류와 대북지원에 대한 객관적인 평가를 할 필요가 있다. 이때 사회 정의는 분배와 기회 두 측면을 포괄한다. 사실 남북 여자 아이스하키 단일팀 구성을 둘러싼 논쟁 역시 기회와 분배를 둘러싼 사회 정의와 공정성에 대한 문제였다.

개성공단 재개를 예로 들어서 설명해보자. 국제사회에서는 대량 현금이 개성공단을 통해서 북한의 미사일과 핵 개발에 유입될 것을 우려하여, 북한의 비핵화에 대한 가시적인 조치가 선행되지 않는 한 재개는 불가하다고 주장한다. 그러나 진보정치인들과 전문가들은 개성공단이 한반도 평화정착과 경제적 효과에 대한 정확한 평가를 토대로 국제사회에 개성공단 재가동 필요성을 설득하는 것이 필요하다고 주장한다.

이런 상황에서 개성공단 재개를 위해서는 기회의 정의와 분배의 정의 측면에서 개성공단의 가치를 재정립하는 것이 매우 중요하다. 먼저 개성공단으로 인해 국내 일자리가 없어졌다는 주장은 다소 설득력이 없어 보인다. 개성공업지구지원재단에 따르면 개성공단에 기업 120여 곳이 자리 잡으면서 국내에서 원·부자재 공급 협력업체 3,800곳이 가동됐고, 일자리 8만개가 생겼다고 설명한다. 일부에서 주장하는 것과 같이 개성공단이 국내 일자리를 빼앗는다는 것이 사실과 동떨어진 주장이기 때문에, 기회의 정의가 충족된다고 볼 수 있다(한겨레 2019/2/7).

분배의 정의 측면에서도 개성공단 생산액 중 5%가량만 북한에 돌아갈 뿐이고 나머지는 95%는 우리 측의 몫이었다. 특히, 우수한 저임금 노동력, 저렴한 땅값, 무관세, 짧은 물류거리로 물류비용 절감, 같은 언어 같은 문화로 높은 생산성 등을 고려한다면 남과 북 모두에게 경제적 실익이 매우 높은 것이 사실이다(한겨레 2019/2/7).

그러나 개성공단은 기회와 분배의 정의만으로는 설명하지 못하는 보다 중요한 남북의 만남의 공간이다. 단순히 일자리 수와 생산액의 분배를 논하기에 앞서 개성공단은 평화와 상호협력, 공생의 가치를 가진 공간이다. 특히, 개성공단을 둘러싼 남남갈등의 문제는 지극히 경제중심의 기회와 분배의 정의의 문제이지만, 공정성의 측면에서 개성공단은 또 다른 가치를 갖고 있다. 즉, 개성공단은 남북 호혜와 상생, 그리고 공생의 첫 경협모델이기 때문이다.

물론 이상의 논의에도 불구하고 개성공단 생산액 중 일부가 북한의 미사일과 핵 개발, 그리고 김정은 위원장의 통치자금으로 전용될 수 있다는 세간의 우려를 확실하게 해소할 수 있는 방안을 마련해야 한다. 이 문제가 완벽하게 해소되지 않으면, 기회와 분배의 정의, 그리고 평화와 상호협력, 공생의 가치만으로는 개성공단 재개가 어려운 것이 현실이기 때문이다.

결국 개성공단 재가동을 포함하여 남북교류와 대북지원은 선과 악의 이분법적 구도로 평가하는 것이 아닌, 사회 정의와 공정성, 그리고 평화의 측면에서 평가하는 것이 바람직하다. 이때 공생사회의 다른 조건들의 복합적 작용이 전제된다면 남북교류와 대북지원을 둘러싼 기회의 정의와 분재의 정의 실현이 더욱 잘 이루어질 수 있을 것이다.

Ⅵ '통이(通異)', 남북 간 소통의 새로운 가치

통일문제와 관련하여 가장 많이 논의된 부분은 어떻게 통일을 이룩할 것인가라고 해도 과언이 아니다. 그리고 대다수는 자유민주주의와 시장경제가 통일한국이 지향해야 하는 이념이자, 정체성이라고 말해왔다. 이 점은 부인할 수 없는, 어쩌면 부인하기 어려운 이미 답이 정해진 물음이었을지 모른다. 현행 헌법에서부터 이미 "대한민국은 통일을 지향하며, 자유민주적 기본질서에 입각한 평화적 통일 정책을 수립하고 이를 추진한다"고 규정하고 있기 때문이다. 북한 역시 마찬가지이다. 즉, 북한은 사회주의 이념에 기반한 한반도 공산화 통일을 목표로 하고 있다.

그러나 분단을 넘어선 탈분단을 상상하고 남북이 공생하기 위해서는 통일된 이념과 체제에 대한 논의와 더불어 어떻게 소통할 것인지에 대한 논의에 주목할 필요가 있다. 이질화된 두 체제에서 살아온 주민들 간의 마음의 통합은 특정한 가치로 수렴되기 어렵기 때문이다. 독일통일이 주는 교훈도 바로 이 지점에 있다.

더구나 우리는 남북의 이질성을 이미 경험하고 있다. 우리 사회에 들어온 북한이주민들이 겪고 있는 문화적 적응의 문제가 바로 그것이다. 이와 관련하여 내가 경험한 다소 재미있지만, 재미있다고 말하기 어려운 일화가 있다. 얼마 전 나는 한 북한이주민과 함께 한 고등학교에 특강을 한 적이 있다. 이때 바로 그 북한이주민은 자신이 남한에 와서 느꼈던 문화적 이질성에 대한 경험을 다음과 같이 얘기해주었다.

"제가 여기에 와서 느꼈던 건, 같은 말을 쓰고 있지만 너무 소통이 안 되는 거에요. 아는 남한친구가 할머니 뼈다귀감자탕집에 가자고 했는데 내가 화를 막 냈어요. 어떻게 할머니 뼈다귀로 감자탕을 만드냐고, 저로서는 도저히 이해가 안 되는 거에요. 근데 나중에 그 의미를 알고서는 저 스스로 뻘쭘했어요."

이날 특강에서 북한이주민이 자신이 겪은 경험을 얘기해주자, 강당에 모였던 고등학생들은 와자지껄 웃느라 정신이 없었다. 그러나 북한이주민의 '북한식 직설화법'으로 인해 벌어졌던 경험은 단지 웃어넘기기에는 의미하는 바가 매우 크다. 분단이 장기화되면서 남북 언어의 이질화가 심화됐으며, 그로 인해 불필요한 오해와 갈등이 나타나고 있기 때문이다.

사실 그동안 만나왔던 북한이주민들이 공통적으로 해주었던 이야기도 같은 맥락이라고 할 수 있다. 상당수 북한이주민들은 남한친구들이 언제 밥 한번 먹자고 해서, 한동안 약속도 안 잡고 그 친구가 전화를 주기를 기다렸는데 밥 먹자고 연락하는 사람들은 없다는 얘기를 자주하곤 했다. 남한사람들이 인사치레로 밥 한번 먹자고 한 이야기를 이들은 인사치레로 넘기지 않고 목빠지게 기다렸던 것이다.

이런 상황에서 남북 공생을 논하면서 하나의 문화와 가치로 통합을 얘기하기는 어려운 것이 현실이다. 그렇다면 어떻게 남북이 소통할 수 있을까? 북한(주민들)과 공생하기 위해서는 먼저 말이 통해야 하는데, 현재는 의사소통에 장애가 있을 정도로 남북의 언어문화가 이질화됐다. 이와 관련하여 매우 신선한 아이디어가 제기됐다. 이우영 교수가 주장한

'통일(統一)'이 아닌 '통이(通異)'가 바로 그것이다.

이우영 교수는 자유민주주의 국가에서 지향해야 하는 통일은 서로 다름을 인정하고 함께 사는 것이며, 이에 나눠진 것을 하나로 만드는 '통일(統一)'이 아닌, 서로 다른 것이 통하는 '통이(通異)'를 지향하는 것이 바람직하고 주장했다(미인공감 61회). 사실 통일을 생각하고 이야기하는 사람들의 생각이 각기 상이하다는 점에서 '통이(通異)'를 지향하는 것은 우리 안의 분단을 넘어선 탈분단과 남북 공생에 대한 건전한 토론의 문화를 지향하는 데에도 매우 바람직하다고 할 수 있다.

결국 정치적인 차원에서는 자유민주주와 시장경제를 통일한국이 지향해야 하는 가치로 인정하는 것과는 별개로 사회문화적인 차원에서는 '통일(統一)'보다는 '통이(通異)'를 지향하는 것이 보다 참신하고 적절한 방안이 될 수 있다. 특히, '통이(通異)'에 기반한 소통능력은 남남갈등을 해소하고 남북 공생을 위한 기반을 굳건하게 다지는 데 효과적이다.

Ⅶ 화해와 치유를 위한 시민교육

분단이 장기화되면서 남과 북 모두 심리적 분단 트라우마를 겪고 있다. 이에 남북 공생을 위해서는 상호간의 적대성을 해소하는 것이 필요하다. 이는 물리적인 차원에서 분단은 군사분계선을 사이에 두고 남과 북이 분리되어 있는 현상을 의미하지만, 정서적 차원의 심리적 경계도 존재하기 때문이다(모춘흥·이상원 2019, 99).

이에 남북 간 혹은 남과 북 내부적으로 화해와 치유에 기반한 시민교육이 이루어져야 한다. 다만 분단체제가 유지되고 있는 현실적 제약을 고려하여 우리 사회 내부의 탈분단을 상상하고 남북 공생을 위한 시민교육을 선결적으로 시작하는 것이 바람직하다. 이는 남북 공생에 앞서 우리 사회가 분단체제의 제약 속에 있다는 인식을 분명히 할 필요가 있기 때문이다(류준필 2009, 47).

사회적 트라우마로서 분단은 '민족공동체'와 '공간공동체', 그리고 '이성공동체'의 붕괴를 가져왔다. 이성공동체의 붕괴는 나와 다른 상대방의 견해를 무시해도 된다는 논리가 사회 전체를 주도하면서 합리적 경청과 타협이 이루어질 수 없는 상황으로 사회구성원들을 내몰았다. 남남갈등 역시 이러한 구조에서 발생했다. 분단으로 인해 붕괴된 이성공동체의 복원은 어릴 때부터 다른 사람들과의 일상적 대면과 소통할 수 있는 교육을 받아야만 가능하다(전우택 2015, 354–358). 즉, 남남갈등은 교육을 통한 화해로부터 극복할 수 있는 것이다.

다른 한편에서 탈분단은 분단 트라우마에 대한 치유에서부터 시작될 수 있다. 북한과의 군사적 대치 속에서 부상을 당하거나 돌아가신 분들과 그 유가족들과 분단폭력의 희생자들에 대한 치유 없이 남북 공생을 논하는 것은 불가능하기 때문이다. 이러한 분단 트라우마에 대한 치유는 개인이 받은 신체적, 정신적 상처와 충격을 의학적·심리적 차원에서 치료해 나가는 개인치유와 함께 사회적 치유가 병행돼야 한다. 시민교육은 사회적 치유의 일환이며, 그 중에서도 분단의 고통을 다양한 예술 작품으로서 승화시키는 것이 시민교육의 주요 콘텐츠가 될 수 있다(전우택 2015, 356–358).

또한 남북의 모든 사회구성원들이 분단 트라우마의 잠재적 희생자라는 점에 주목한다면, 분단으로 인해 제약된 탈분단과 남북 공생에 대한 다양한 상상을 할 수 있는 교육이 이루어질 필요가 있다. 기존의 안보중심의 교육에서 벗어나 탈분단과 남북 공생의 주제에 대한 다양한 상상, 어떤 측면에서는 다소 도발적인 상상을 할 수 있는 교육이 이루어질 필요가 있다.

이렇듯 분단을 넘어선 탈분단과 남북 공생은 분단 트라우마의 극복에서부터 시작될 수 있으며, 이때 화해와 치유에 기반한 시민교육이 분단 트라우마를 극복하는 데 주된 역할을 할 수 있다. 남북 공생을 위해서는 북한과의 화해와 이를 통한 남북 주민들 간의 치유가 매우 중요하지만, 분단체제의 제약을 고려하여 우리가 먼저 시작하는 것이 바람직하다. 더욱이 앞서 살펴본 공생사회의 조건들은 남북 공생을 위한 화해와 치유에 기반한 시민교육에 있어서 중요한 콘텐츠가 될 수 있다.

Ⅷ 나오는 말

분단을 넘어선 탈분단과 남북 공생은 남북갈등을 극복하는 것과 더불어 남남갈등의 슬기로운 해소로부터 시작될 수 있다. 다만 그간 남북갈등과 남남갈등을 해소하기 위한 논의는 아이러니하게도 또 다른 갈등으로 이어졌다. 반면에 탈분단과 남북 공생에 대한 새로운 상상은 남남갈등을 넘어서 남북갈등을 극복할 수 있는 방안이 될 수 있다.

물론 특정 요인만으로는 탈분단과 남북 공생을 상상하고 준비하기는 어렵다. 남북갈등과 남남갈등의 원인과 그것이 남과 북 내부에 미친 파급력이 복잡다단하기 때문이다. 이런 측면에서 앞서 여섯 측면의 요소들을 검토했던 것이다. 1장에서 제시한 공생사회의 여섯 가지 조건들의 복합적 작용은 분단을 넘어선 새로운 한반도의 길과 남북 공생을 준비하는데 밑알로서 기능할 수 있다. 또한 이 여섯 가지 조건들은 개별 조건으로는 상상하지 못한 남북갈등과 남남갈등의 원인을 진단하고, 이에 대한 해결방안을 모색하는 데 새로운 시각을 제공할 수 있다.

참고문헌

김상준. 2018. "코리아 양국체제: 한 민족 두 나라 공존을 통해 평화적 통일로 가는 길."『한국사회학』제52권 4호, 39 - 75.

김연수. 2016. 『밤은 노래한다』. 파주: 문학동네.

대통령비서실. 2018. 『문재인 대통령 연설문집 제1권(하)』. 서울: 문화체육관광부.

류준필. 2009. "분단체제론과 동아시아론."『아세아연구』제52권 4호, 38 - 72.

모춘흥·이상원. 2019. "타자와의 조우: 북한이탈주민의 존재성과 분단체제의 현실 이해."『문화와 정치』제6권 1호, 93 - 121.

박명림. 2004. "한국분단의 특수성과 두 한국: 지역냉전, 적대적 의존, 그리고 토크빌 효과."『역사문제연구』13호, 233 - 270.

박영균. 2014. "남북의 통일원칙과 통일과정의 기본가치: 민족과 평화."『시대와 철학』제25권 2호, 111 - 148.

백낙청. 2006. 『한반도식 통일, 현재진행형』. 파주: 창비.

성기영. 2017. "지속 가능한 대북·통일정책 위해 '통일국민협약' 만든다."『통일시대』132호.

이범웅. "공감 능력을 통한 남북한 주민 간의 심리적 통합 방안 탐색." 건국대학교 통일인문학연구단 기획. 『분단 트라우마 치유를 위한 고통의 공감과 연대』. 서울: 한국문화사.

이석희·강정인. 2017. "왜 통일인가?: 세 가지 통일 담론에 대한 비판적 고찰."『한국정치연구』제26권 2호, 1 - 28.

전우택. 2015. "통일은 치유다: 분단과 통일에 대한 정신의학적 고찰."『신경정신의학』제54권 4호, 353 - 359.

정영철. 2019. "분단, 탈분단 그리고 통일의 상상력 넓히기."『북한학연구』제15권 1호, 37 - 64.

정영철. 2018. "국가 - 민족 우선의 통일론에 대한 성찰."『통일인문학』제74권, 227 - 260.

통일원. 1995. 『통일백서 1995』. 서울: 통일부 통일정책실.

"개성공단이 북한 퍼주기? … '5%주고 95%퍼오기'." 『중앙일보』. 2019/2/7.

"미인공감 61회: 통일에서 통이로(이우영)." 『미인공감』. 2018/8/12.

"통일방안의 의미와 발전 방향을 논의하다!." 『통일부 생생뉴스』. 2019/9/9.

"통일은 돈이 아닌 공감에서 시작된다." 『중앙일보』. 2014/8/14.

"평양 시민을 탈북민 대하듯? 통일 때려치우라 할 것." 『프레시안』. 2019/9/18.

"'햇볕' 가장 보수적 對北정책... 文정부, 안보·韓美동맹 간과해 문제[박지원 국회의원에게 고견을 듣는다]." 『디지털타임스』. 2019/8/1.

제4부

환대지수
(Hospitality Index, HI)

제8장

이주민과의 공생 수준 측정하기: 이주민 환대지수[1]

한준성

Ⅰ 왜 '환대지수'인가?

지난 한 세대에 걸쳐 한국사회는 민주화, 탈냉전, 지구화라는 역동의 과정을 거쳐 왔다. 그러면서 한국사회의 얼굴도 조금씩 바뀌어 왔다. 무엇보다도 그간 억눌려 왔던 사회적 다원성과 문화적 다양성이 도처에서 발현되기 시작했다. 이전 시기에 주변화되거나 배제되었던 소수 집단들은 다양한 결사 활동과 사회운동을 통해 공적 영역에서 자신들의 가치와 견해를 적극적으로 표출했다. 그러면서 주류사회와 이들의 접촉면도 점차 확대되어왔다. 그런 흐름 속에서 이 글이 특별히 주목하는 현상은

---

1) 본 장은 한준성·최진우(2018)의 연구를 수정, 보완하여 압축한 글임을 밝혀둔다.

이주배경인구(이주노동자, 결혼이주민과 자녀, 난민, 유학생 등)의 증대이다.

이제 '이주민과 어떻게 평화롭게 함께 살아갈 것인가?'라는 질문은 한국사회가 직면한 실존적 물음이 되었다. 이들의 호소와 요청에 어떻게 응답할 것인가? 이들에 대한 '우리'의 태도는 어떠해야 하나? 어떻게 하면 이들과 어울림의 관계를 맺을 수 있는가? 이들과의 공생의 기반을 넓히기 위해 기존의 법률, 정책, 행정의 목표, 기능, 가능성은 어떻게 새롭게 사고될 수 있는가? 이러한 물음들을 둘러싼 담론과 실천은 한국사회의 전반적인 삶의 질과 발전 수준을 한 단계 끌어 올릴 수 있는 기회를 제공해 줄 수도 있지만, 정반대로 매우 심각한 정치사회적 균열과 갈등을 촉발시킬 수도 있다.

이런 점에서 여전히 많은 이주민이 사회적 무관심과 냉대, 오해와 차별을 받고 있는 현실은 우려스럽다. 저개발국 출신 이주민은 종종 '한민족'의 문화와 정체성에 대한 잠재적 위협으로 간주되곤 한다. 또한 많은 이주노동자들이 노동권, 건강권, 가족재결합 권리 등 기본적 권리 보장에 있어서 심각한 차별을 겪고 있다. 여성 이주노동자의 경우 출신, 젠더, 계급 요소가 중첩되어 있는 폭력에 취약한 상태에 놓일 수 있다. 부모가 미등록 이주민인 아동은 학교생활에서의 부적응과 차별, 그리고 학교의 수용 기피로 인해 심리적인 외상을 입을 수 있다. 이 외에도 이슬람 등 특정 종교를 가진 사람들은 합리적 근거 없이 잠재적 위협으로 인식되곤 한다.

그런 가운데 이주민의 문화나 정체성의 낯섦은, 적절한 소통 창구가 결여된 가운데 발생하는 오인과 오해 속에서 공포나 두려움의 감정으로 이어질 수 있다. 특히 이러한 경향은 사회경제적 불평등 구조와 결합되면서 혐오나 적대로 악화될 가능성이 크다. 이주민에 대한 이러한 부정적 인식과 감정은, 그에 대한 적절한 통제 장치가 마련되지 않은 채로 누적되고 확산된다면 심각한 갈등과 폭력으로 이어질 수도 있다.

그렇다면 이주민을 부정적으로 대상화하는 심리적, 문화적, 법적 경계들과 그 기저에 놓인 위계적 권력 관계를 비판적으로 사고하기 위해서 필요한 대안적 관점이나 가치는 무엇일까? 이 글은 이 물음에 대한 하나의 응답으로서 환대 개념에 주목했다. 여기서 환대는 문화적 요인에서 비롯되는 사회적, 정치적 갈등을 조정하고 평화문화를 확산시키기 위한 대안적 아이디어이다. 환대는 '우리'라는 범주 밖으로 밀려나 있는 사회적 소수의 호소와 열망을 경청하고 이들을 기꺼이 맞이하려는 태도와 실천을 일컫는다. 환대의 시선은 '우리(자아)'와 '그들(타자)'의 위계적 이항 도식을 문제시하면서 고착된 정체성의 정치를 해체하고 어울림과 공생의 문화적 기반을 다지려는 '환대의 정치'를 독려한다.

　혹자는 환대 담론이 현실과 유리된 과도한 윤리적 요청이라며 불만을 표할 수도 있다. 그렇지만 환대의 결핍으로 인한 소모적 논란과 유무형의 비용을 먼저 살펴야 한다. 환대는 단지 인간이 가지고 있는 욕구와 욕망을 억누르는 '절제'가 아니다. 환대는 '어떻게 하면 인간의 이기성을 이방인과의 공생을 위한 에너지로 전환시킬 것인가'라는 물음에 대한 실천적 응답이다(이상원 2018).

　물론 여전히 남는 문제가 있다. 환대 개념의 이론적, 철학적 차원과 현실적, 정책적 차원의 간극이 커 보인다는 점이다. 그렇기에 환대 개념을 도덕 담론이나 윤리학에 가두지 말고 그것이 갖는 사회적 기능과 유용성을 적극 탐문해야 한다. 이에 이 글은, 환대 담론을 전문가 집단 내에서뿐만 아니라 시민들과 보다 용이하게 소통하기 위한 방안으로 한양대학교 평화연구소가 2018년에 개발한 '이주민 환대지수(Hospitality Index, HI)'의 지표체계 일부를 조정하여 2008년부터 2018년까지 23개 OECD 회원국들의 이주민 환대수준을 측정하고 그 결과를 분석해 보았다.

Ⅱ 환대의 속성들: 탈경계성, 수평성, 공생성

이주민 환대지수의 지표체계를 만들기 위해서는 먼저 환대를 개념화해야 한다. 이를 위해 이 글은 개념이 내포한 속성들을 도출하는 방식으로 환대를 개념화하고자 했다. 결론적으로 말해서 환대는 이방인 내지 사회적 약자에 대한 시혜적 태도, 위계적 접근, 공존의 가치에 기반한 패러다임인 '관용'과 '인정'의 한계를 넘어선 탈경계적, 수평적, 공생적 태도와 행위를 일컫는다. 탈경계성, 수평성, 공생성이 환대 개념의 세 가지 내포적 속성들인 것이다.

관용이나 인정에 기반한 접근이 '우리'와 '그들'의 분리를 전제로 한다면, 세 가지 속성에 기반한 환대는 이러한 분리성을 해체적으로 사고하는 것에서 출발한다. 그러면서 특정한 법적 범주나 사회적 표식을 뛰어넘어 '얼굴'을 마주하는 관계를 지향한다. 여기서 '얼굴'은 타자의 직접적인 호소나 요청을 뜻하는 상징적 표현이며, 그런 얼굴을 마주한다는 것은 상대의 존재를 있는 그대로 받아들이고자 하는 포용적 태도를 전제로 한다. 그런 점에서 환대는 상이한 문화 정체성을 가진 사람들이 교류하며 더불어 살아갈 수 있는 '어울림'의 공간을 확장시키는 사회적 가치를 함축한다.

세 가지 속성을 설명하면 다음과 같다. 우선 탈경계성은 '수용성'과 '개방성'을 기반으로 한다. 다시 말해 불편이나 불이익을 감수하고서라도 타인을 기꺼이 수용하려는 태도(수용성)와 진실하고 정직한 자세로 타인의 목소리나 요청을 경청하려는 자세(개방성)에 기반한 속성이 탈경계성이다. 특히 환대의 이러한 속성은 이방인 문제를 '그들'의 처우(소수자 문제)에 관한 문제로 한정짓기보다는 '우리'의 책임(공공의 이슈)으로 끌어오게 하는 원천이다.

다음으로 수평성은 '동등성'과 '취약성'의 두 차원으로 설명할 수 있다. 우선 환대는 이방인을 대할 때 인간으로서 존엄성을 지니고 있으며 기본적 권리의 차원에서 동등한 존재로 받아들이는 것이다. 이것은 환대가 '시민적 평등'이라는 민주주의 가치의 실현을 위한 윤리적 기반이 되는 이유이기도 하다. 특히 동등성에 대한 자각은 환대 개념에 대한 통상적 이해에서 나타나곤 하는 '주인'과 '손님'의 자리 배치에 강박적으로 구속되지 않도록 한다. 한편 동등성에 대한 이같은 호소의 이면에는 인간의 취약성에 대한 인식이 자리하고 있기도 하다. 이것은 모두가 다른 누군가에게 이방인 내지는 타자가 될 수 있다는 가능성, 즉 상처받기 쉬운 취약성을 안고 살아가는 존재임에 대한 감각과 관련된다(이문수 2014).

마지막으로 공생성은 '역량'의 문제와 관련된 속성이다. 공생성은 비등가적, 비교환적, 무대가적 관계맺음의 원리로서 이방인을 서로의 권익과 역량을 보완하고 증진시켜 줄 수 있는 존재로 인정하는 것이다. 이를테면 재분배 원리에 기반한 사회정책, 복지정책, 조세정책 등이 이같은 공생성의 원리에 기반하고 있다고 말할 수 있다. 여기서 재분배는 주는 행위를 통해서 타인으로부터 모종의 인정을 기대하는 행위인 '증여'와 다르다. 그것은 타인으로부터의 인정을 기대하거나 요구하지 않으며 오히려 익명화된 방식으로 타자의 역량 회복을 돕는다. 김현경의 설명처럼 공생성에 기반한 환대는 '나(우리)'의 자리를 낯선 타자에게 기꺼이 나누거나 주려는 행위로서 타자에게 "주는 힘을 주는 것이며, 받는 사람을 줄 수 있게 만들어주는 것"이다(김현경 2016, 197).

Ⅲ 이주민 환대지수의 지표체계

이상의 내용을 바탕으로 이주민 환대지수의 지표체계를 구성해 보면 <표 8-1>과 같다. 대분류의 세 가지 항목들은 환대 개념의 내포적 속성들과 조응한다. 각 항목을 설명하면 다음과 같다.[2] 우선 '소통·문화'는 탈경계성에 조응한다. 이주민 환대에서 탈경계성은 이주배경을 가진 사회구성원을 대함에 있어서 이들에게 부과된 법적 범주나 사회 표식에 구애됨이 없이 기꺼이 수용하고 경청하려는 태도, 그리고 이를 바탕으로 이주민 차별의 구조적 현실을 공공의 문제로 인식하는 것이다. '소통·문화'는 이러한 탈경계성의 실현을 뒷받침하는 문화적, 제도적 토대이다. 즉, 이주민 환대는 공적 영역에서의 다양한 가치와 견해의 자유로운 표출, 공적 토의 문화의 발달 수준, 사회구성원들 간의 상호 접촉과 신뢰 수준, 이질적 문화나 정체성에 대한 개방성 수준 등 소통·문화 측면과 긴밀하게 연관된다.

다음으로 '권리' 영역은 수평성에 조응한다. 여기서 수평성은 이주배경을 가진 사람들이 피부색, 종족, 국적, 언어, 성별 등 겉으로 드러나는 차이 속에서도 같은 인간으로서 동등한 인격과 존엄성을 지니고 있으며 '우리'와 마찬가지로 취약성을 가진 존재임을 인정하는 것을 핵심으로 한다. 그렇기에 이주민 환대의 수평성 원리를 실현하기 위해서는 다른 무엇보다도 이들의 안정적인 권리체계 편입 수준이 관건이다. 즉, 타인의 권리나 사회 정의를 훼손하지 않는 한 이주민에게 안정적인 체류 자격과 권리를 적극적으로 인정하고 부여해야 한다. 이에 '권리'를 주요 영

---

2) 소분류와 개별 지표의 측정방식에 관한 보다 상세한 내용은 한준성·최진우(2018, 23-28)의 설명에서 확인할 수 있다. 다만, 이 글에서는 기존 지표들 가운데 세계정의프로젝트의 법치지수 기본권 항목과 난민인정률을 프리덤하우스의 세계자유지수와 난민보호율로 대체했음을 밝혀둔다.

역으로 설정했다.

| 표 8-1 | 이주민 환대지수의 지표체계

속성	대분류	소분류	측정 내용*
탈경계성 ➡	소통·문화	공론	◦ 언론자유지수 ◦ 세계가치관조사 생활공동체 문항 ◦ 부패인식지수
		가치	◦ 세계가치관조사 개방도 문항 ◦ 세계기부지수
수평성 ➡	권리	기본적 권리	◦ 프리덤하우스 세계자유지수 ◦ 18개 국제인권조약 및 의정서 비준
		이주민 권리	◦ 이주민통합정책지수 ◦ 난민보호율
공생성 ➡	사회경제	안전·보호	◦ 상대적 빈곤율 ◦ 고용보호지수(임시고용) ◦ 자살률
		격차·복지	◦ 지니계수 ◦ 성불평등지수 ◦ GDP대비 사회지출 비율

* 측정 지표의 출처에 대해서는 한준성·최진우(2018, 37)를 참조할 것

마지막으로 '사회경제'는 공생성에 조응한다. 여기서 공생성은 이주민을 서로의 권익과 역량을 증진시킬 수 있는 어울림의 파트너로 바라보고 이들과 적극적으로 이해하고 소통하려는 태도와 행위를 증진시키는 요소이다. '사회경제'는 이러한 공생성의 실현을 뒷받침하는 물적 기반을 일컫는다. 물론 이주민에 대한 공포, 적대, 차별, 혐오는 문화와 정체성을 매개로 한다. 그렇지만 그 기저에 사회경제적인 문제가 놓여 있음을 잊어선 안 된다. 즉, 문화적 폭력과 더불어 구조적 폭력의 측면을 함께 살펴야 한다는 말이다. 이를테면 소득, 노동, 복지, 교육 등 사회경제적 영역에서의 불평등은 이주민에 대한 낙인, 편향, 적대, 혐오의 정서 내지는 희생양삼기 정치의 구조적 요인이 된다. 더 나아가 타인에 대한 공감과 연대의 기반을 위축시키면서 민주적 정치문화를 훼손할 수 있다. 이

런 점에서 사회경제를 대분류의 또 다른 항목으로 설정하였다.

Ⅳ 지역·국가 간 비교와 한국의 위상

1. 산출 방식

이제 <표 8−1>에서 제시한 15개 지표들을 측정해보자. 우선 지표들이 갖는 다양한 변량을 통제하기 위해서 표준화 작업을 수행했다. 이 글에서는 국가 간 비교의 방식에 자주 쓰이는 '최소−최대 정규화 방식'을 채택해 각 지표값을 0과 1 사이의 값으로 변환시켰다.

여기서 몇 가지 주의할 점들이 있다. 우선 1이 반드시 규범적 최선을 의미하는 것은 아니라는 점이다. 또한 특정 국가와 다른 국가들의 지표값 격차가 지나치게 클 경우 다른 국가들이 평균 이하 점수를 받기에 결과값 해석에 신중을 기해야 한다.

그런 점에서 산출된 '점수'에 초점을 두기보다는 국가 간 '순위' 변동에 주목하고 그 의미를 해석하는 방식이 보다 유용할 수 있다. 예컨대 국가(지역) 간 순위를 바탕으로 한국사회가 비교 대상으로 살펴볼만한 국가(지역)가 어디인지, 그리고 어떤 분야에 집중해서 검토해야 하는지를 판단할 수 있다.

다음으로 표준화된 지표값들을 합산할 때 동일가중치 방식을 적용했다. 이 방식은 특정 영역에 많은 변수가 들어갈 경우 통합 지수의 구조를 불균형하게 만들 수 있지만 연구자의 자의성을 배제하는 효과를 갖는다는 장점을 갖는다(정해식 외 2016, 22; 박명호 2012, 101).

마지막으로 결측값 처리 방식은 다음과 같다. 우선 OECD 회원국들 가운데 핵심 지표나 많은 지표들이 결측된 국가는 조사 대상에서 제외했다. 그리고 그렇게 해서 추려진 국가들 가운데 특정 년도의 지표가 결측된 경우에는 가장 인접한 해의 지표값을 반영했다. 또한 특정 지표의 측정 대상에서 제외된 국가의 경우에는, 조사 대상국들 가운데 유관 분야에서의 발전 경향이 비슷한 국가의 값을 지표값으로 채워 넣었다.

2. 결과 분석

1) 국가별 · 지역별 시계열 추이 (2008-2018)

국가별 시계열 추이를 살펴보면(<그림 8-1>), 북유럽 국가들이 전 시기에 걸쳐 최상위권 그룹을 형성하고 있다. 반면에 멕시코, 터키와 더불어 동북아시아 국가들(한국과 일본)이 하위권 그룹에 속해 있다. 전통이민국들 중 미국이 다른 국가들(호주, 캐나다, 뉴질랜드)에 비해 뒤처져 있음도 확인할 수 있다. 동유럽 국가들을 보면 에스토니아는 2013년 이래로 상승세를 보이고 있는 반면에 헝가리는 지속적으로 하강세를 보이면서 동북아시아 국가들과 비슷한 수준에 머무르고 있다. 이처럼 양국은 같은 지역에 속하면서도 서로 반대 방향으로 분기하는 모습을 보였다. 다만 이 경우 해석에 신중해야 한다. 다른 지표들과 비교할 때 연도별 변동 폭이 큰 난민보호율이 에스토니아의 상승세를 견인했기 때문이다. 한편 영국의 이주민 환대지수는 큰 변화를 보이지 않았는데, 이러한 결과가 브렉시트 사태를 설명할 때 어떻게 적용될 수 있는지도 생각해볼 만하다.

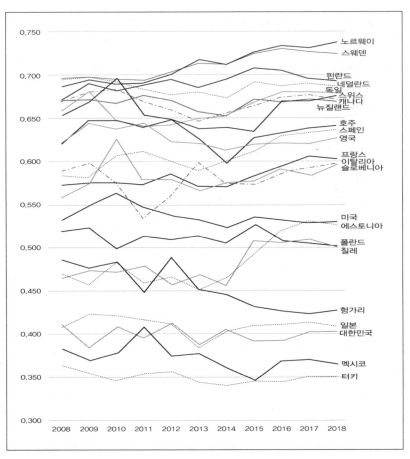

| 그림 8-1 | 국가별 시계열 추이 (2008-2018)

　　다음으로 지역 간 시계열 추이를 살펴보자. 우선 각 지역에 속한 국가들은 <표 8-2>와 같다. <그림 8-2>에서 보듯이 조사 시기 전체에 걸쳐 지역 간 이주민 환대지수 격차는 뚜렷하게 확인되었다. 이로부터 '지역'을 이주민 환대지수의 유의미한 분석 단위로 상정할 수 있다고 추론할 수 있다.

| 표 8-2 | 지역별 국가

지역	국가
북유럽	핀란드, 노르웨이, 스웨덴
서유럽	프랑스, 독일, 네덜란드, 스위스
남유럽	스페인, 이탈리아
동유럽	폴란드, 헝가리, 에스토니아, 슬로베니아
전통이민국	호주, 캐나다, 뉴질랜드, 미국
동북아시아	한국, 일본

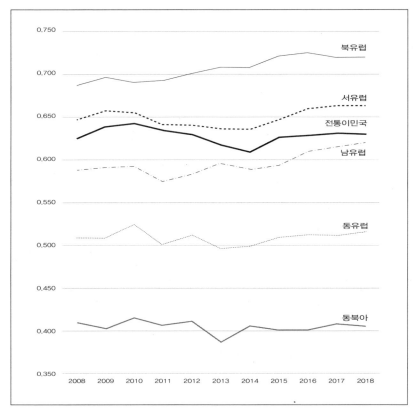

| 그림 8-2 | 지역별 시계열 추이 (2008-2018)

한편 영역별로 구분해서 보면 <그림 8-3>에서 보듯이 다른 지역들과 비교할 때 전통이민국들은 영역에 따라 비교적 큰 편차를 보이고 있음을 확인할 수 있다. 또한 사회경제 영역에서는 동북아시아와 비슷한 수준으로 수렴되어 온 경향을 확인할 수 있다.

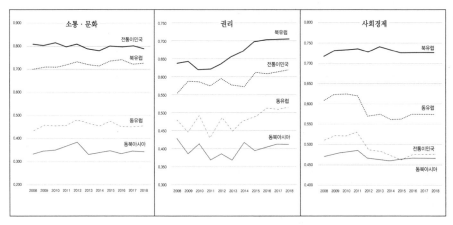

| 그림 8-3 | 영역별 지역 간 편차와 시계열 추이 (2008-2018)

2) 국가 간 비교 (2018)

2018년 기준으로 권리 영역에서 1위를 차지한 국가는 스웨덴이다. 하위 영역을 보면 '기본적 권리'에서는 핀란드가, '이주민 권리'에서는 스웨덴이 각각 1위를 차지했다. 다음으로 소통·문화 영역과 세부 구성 영역인 '공론'과 '가치'에서는 뉴질랜드가 가장 높은 이주민 환대수준을 보인 것으로 나타났다. 사회경제 영역에서는 프랑스가 노르웨이를 근소한 차이로 앞서며 1위를 차지했다. 하위 영역 가운데 '격차복지' 부문에서는 핀란드가, '안전보호'에서는 터키가 1위로 나타났다.

| 표 8-3 | 국가 간 이주민 환대지수 비교 (2018)

구분	종합	기본적 권리	이주민 권리	권리	공론	가치	소통 문화	안전 보호	격차 복지	사회 경제
노르웨이	0.738 (1)	0.738 (13)	0.606 (7)	0.672 (7)	0.746 (4)	0.827 (5)	0.787 (3)	0.686 (2)	0.823 (4)	0.755 (2)
스웨덴	0.725 (2)	0.773 (7)	0.767 (1)	0.770 (1)	0.734 (5)	0.728 (9)	0.731 (8)	0.521 (10)	0.827 (3)	0.674 (5)
핀란드	0.694 (3)	0.843 (1)	0.515 (11)	0.679 (6)	0.684 (6)	0.616 (14)	0.650 (10)	0.619 (5)	0.885 (1)	0.752 (3)
네덜란드	0.687 (4)	0.767 (8)	0.655 (4)	0.711 (5)	0.655 (10)	0.735 (8)	0.695 (9)	0.549 (8)	0.764 (7)	0.656 (8)
독일	0.681 (5)	0.806 (5)	0.654 (5)	0.730 (3)	0.614 (11)	0.623 (12)	0.618 (11)	0.621 (4)	0.766 (6)	0.693 (4)
스위스	0.676 (6)	0.748 (12)	0.564 (9)	0.656 (8)	0.748 (3)	0.748 (7)	0.748 (6)	0.518 (11)	0.728 (9)	0.623 (10)
캐나다	0.672 (7)	0.732 (14)	0.693 (2)	0.712 (4)	0.768 (2)	0.819 (6)	0.793 (2)	0.385 (20)	0.634 (13)	0.510 (17)
뉴질랜드	0.670 (8)	0.761 (11)	0.527 (10)	0.644 (9)	0.805 (1)	0.902 (1)	0.854 (1)	0.456 (16)	0.571 (18)	0.514 (15)
호주	0.641 (9)	0.761 (10)	0.503 (13)	0.632 (13)	0.669 (8)	0.869 (2)	0.769 (4)	0.431 (19)	0.614 (14)	0.522 (14)
스페인	0.638 (10)	0.842 (2)	0.663 (3)	0.752 (2)	0.414 (20)	0.660 (10)	0.537 (14)	0.554 (7)	0.694 (10)	0.624 (9)
영국	0.627 (11)	0.701 (15)	0.449 (16)	0.575 (15)	0.680 (7)	0.839 (3)	0.760 (5)	0.482 (15)	0.610 (15)	0.546 (12)
프랑스	0.603 (12)	0.817 (3)	0.401 (17)	0.609 (14)	0.555 (12)	0.333 (19)	0.444 (17)	0.680 (3)	0.832 (2)	0.756 (1)
이탈리아	0.599 (13)	0.811 (4)	0.474 (14)	0.642 (10)	0.418 (18)	0.555 (15)	0.487 (15)	0.581 (6)	0.753 (8)	0.667 (6)
슬로베니아	0.598 (14)	0.765 (9)	0.376 (18)	0.570 (16)	0.499 (15)	0.630 (11)	0.565 (12)	0.504 (12)	0.812 (5)	0.658 (7)
미국	0.529 (15)	0.370 (23)	0.610 (6)	0.490 (17)	0.656 (9)	0.839 (4)	0.748 (7)	0.234 (23)	0.466 (20)	0.350 (21)
에스토니아	0.528 (16)	0.701 (16)	0.582 (8)	0.642 (11)	0.536 (13)	0.298 (20)	0.417 (18)	0.450 (17)	0.599 (16)	0.525 (13)
폴란드	0.501 (17)	0.645 (17)	0.219 (22)	0.432 (20)	0.423 (17)	0.525 (16)	0.474 (16)	0.538 (9)	0.658 (11)	0.598 (11)
칠레	0.501 (18)	0.806 (6)	0.465 (15)	0.636 (12)	0.502 (14)	0.619 (13)	0.560 (13)	0.444 (18)	0.168 (22)	0.306 (22)
헝가리	0.427 (19)	0.601 (20)	0.239 (21)	0.420 (22)	0.293 (21)	0.410 (18)	0.351 (20)	0.488 (13)	0.534 (19)	0.511 (16)
일본	0.409 (20)	0.607 (19)	0.184 (23)	0.396 (23)	0.485 (16)	0.219 (22)	0.352 (19)	0.305 (22)	0.656 (12)	0.481 (18)
대한민국	0.403 (21)	0.569 (21)	0.288 (20)	0.428 (21)	0.417 (19)	0.242 (21)	0.330 (22)	0.316 (21)	0.584 (17)	0.450 (20)
멕시코	0.366 (22)	0.609 (18)	0.312 (19)	0.461 (19)	0.267 (22)	0.423 (17)	0.345 (21)	0.488 (14)	0.096 (23)	0.292 (23)
터키	0.350 (23)	0.425 (22)	0.504 (12)	0.464 (18)	0.109 (23)	0.119 (23)	0.114 (23)	0.688 (1)	0.257 (21)	0.473 (19)

3) 지역 간 비교 (2018)

북유럽은 6개 영역 모두에 걸쳐 전체 평균에 비해 발달된 모습을 보여 조사 대상 지역들 가운데 이주민 공생사회의 기반이 가장 잘 갖춰져 있는 것으로 판단된다. 특히 격차·복지와 안전·보호를 포괄하는 사회

경제 영역에서 높은 발달 수준을 보이고 있어 이주민 환대의 공생성 기반이 탄탄함을 추론할 수 있다. 이는 북유럽 복지국가 형성 및 발전의 궤적을 반영한 것으로 잠정 해석될 수 있다. 동북아시아의 경우는 이와 대조적으로 격차·복지 영역을 제외한 모든 영역에서 평균 수준에 뒤처진 것으로 나타났다. 특히 '가치'와 '이주민 권리' 영역에서 보다 큰 격차를 보였다.

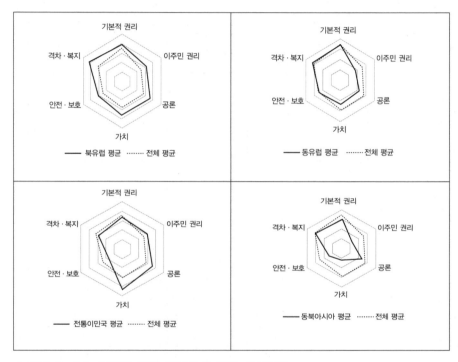

| 그림 8-4 | 지역별 전체 평균과의 비교 (2018)

두 지역과 비교할 때 전통이민국들과 동유럽은 일부 영역에서는 평균에 앞서고 다른 영역에서는 평균과 비슷하거나 뒤처지는 모습을 보였다. 특히 전통이민국들 사이에서는 가치와 공론 영역에서, 즉 소통·문화 영역의 발달 수준이 상당히 높게 나타났다. 달리 말해 이주민 환대의 속성

들 가운데 탈경계성이 잘 발현된 것이다. 이러한 결과는 보다 상세한 분석을 통해 그 원인을 확인해야겠지만 정치문화와 관련된 것으로 보인다. 즉, 국가형성이 이민의 과정을 통해 이루어져 온 역사와 그러한 역사에 배태된 정치문화를 반영한 것으로 잠정 해석할 수 있다.

4) 한국의 위상 (2018)

한국은 권리와 사회경제에 비해 소통·문화 영역에서 23개국 평균과 보다 큰 격차를 보이는 것으로 추정할 수 있다. 소통·문화 영역에서 한국은 터키를 제외할 경우 최하위인 것으로 나타났다. 또한 소통·문화의 하위 영역인 '가치'를 평가하는 두 차원(개방도, 기부도) 가운데 개방도의 경우 터키를 포함하더라도 최하위인 것으로 나타났다. 이러한 결과로부터 한국사회에서는 이주민 환대의 세 가지 속성들 가운데 탈경계성의 발현이 매우 뒤처져 있다고 추론할 수 있다.

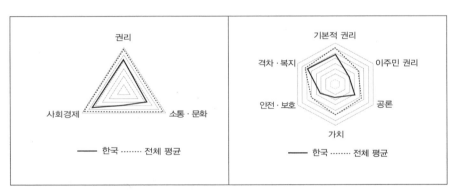

| 그림 8-5 | 한국의 위상 (2018)

| 표 8-4 | 소통 · 문화 영역에서의 한국 위상 (2018)

국가	공론						가치			
	언론자유		생활공동체		부패		개방도		기부도	
호주	0.820	(10)	0.478	(07)	0.709	(10)	0.863	(10)	0.874	(01)
뉴질랜드	0.858	(07)	0.682	(01)	0.876	(01)	0.951	(04)	0.853	(02)
미국	0.734	(12)	0.554	(03)	0.681	(11)	0.825	(11)	0.853	(03)
영국	0.726	(15)	0.536	(05)	0.779	(07)	0.889	(09)	0.789	(04)
네덜란드	0.945	(03)	0.240	(14)	0.779	(08)	0.767	(14)	0.704	(05)
노르웨이	0.987	(01)	0.430	(09)	0.820	(03)	0.972	(02)	0.682	(06)
캐나다	0.848	(08)	0.677	(02)	0.779	(06)	0.977	(01)	0.661	(07)
독일	0.844	(09)	0.232	(15)	0.765	(09)	0.648	(18)	0.597	(08)
스위스	0.920	(05)	0.505	(06)	0.820	(02)	0.920	(07)	0.576	(09)
스웨덴	0.961	(02)	0.436	(08)	0.806	(05)	0.966	(03)	0.490	(10)
핀란드	0.936	(04)	0.296	(11)	0.820	(04)	0.763	(15)	0.469	(11)
슬로베니아	0.754	(11)	0.258	(12)	0.486	(16)	0.813	(12)	0.448	(12)
스페인	0.733	(14)	0.078	(21)	0.430	(18)	0.936	(05)	0.384	(13)
칠레	0.705	(16)	0.231	(16)	0.570	(15)	0.896	(08)	0.341	(14)
대한민국	0.665	(18)	0.199	(17)	0.389	(19)	0.143	(23)	0.341	(15)
이탈리아	0.678	(17)	0.243	(13)	0.333	(20)	0.791	(13)	0.320	(16)
프랑스	0.733	(13)	0.322	(10)	0.611	(14)	0.368	(20)	0.299	(17)
에스토니아	0.873	(06)	0.111	(20)	0.625	(13)	0.425	(19)	0.171	(18)
폴란드	0.635	(20)	0.161	(18)	0.472	(17)	0.922	(06)	0.128	(19)
멕시코	0.224	(22)	0.538	(04)	0.040	(23)	0.718	(16)	0.128	(20)
헝가리	0.545	(21)	0.070	(22)	0.263	(21)	0.713	(17)	0.107	(21)
일본	0.661	(19)	0.141	(19)	0.653	(12)	0.352	(21)	0.085	(22)
터키	0.101	(23)	0.033	(23)	0.194	(22)	0.194	(22)	0.043	(23)

※ 괄호 안은 순위임

그렇지만 '개방도'는 정치문화와 밀접하게 관련되어 있기에 단기간에 변화가 여의치 않다. 그런 점에서 중장기적으로 시민사회 전반의 문화적 역량을 제고할 수 있는 구상을 구체화면서도 소통 · 문화 영역을 구성하는 하위 영역들 내지는 세부 지표들 가운데 단기적으로 개선이 가능한 부분에의 실질적인 진전을 만들어가려는 접근이 필요해 보인다. 또한 소통 · 문화 영역에서 높은 순위를 차지한 국가들(뉴질랜드, 캐나다, 노르웨이

등)에 대한 심층 사례 분석도 유의미한 시사점을 도출하는 데 도움이 될 것이다.

Ⅳ 해석, 과제, 활용

이 글은 이주민 공생사회를 위한 대안적 사유의 주제어로 환대를 제안했다. 앞서 살펴본 것처럼 환대는 도덕주의나 급진주의 담론이라기보다는 정치적 현실주의의 관점에서 채택한 개념이다. '조건적 환대'의 대척점에 있는 '무조건적 환대'의 윤리적 이상을 강변하는 것이 아니다. '무조건적 환대를 지향하는 조건적 환대'가 핵심이다(문성원 2018). 이주민 환대의 '조건성'은 피할 수 없는 현실로서 계속해서 비판적 물음과 토의의 대상이 되어야 한다. 결국 이주민과 관련된 각종 도그마적인 주장들과 환대 결핍 상태에 대한 감수성과 비판력 수준이 관건이다. 이주민 환대지수는 이러한 문제의식을 바탕으로 국가 간 비교의 관점에서 한국 사회와 이주민의 공생 기반과 가능성을 분석할 수 있는 도구로 개발되었다.

이하에서는 해석, 과제, 활용의 세 차원을 간략히 언급하고 글을 맺도록 한다. 우선 결과 분석에 신중함을 기하기 위해서 한 가지 언급해 둘 점이 있다. 이주민 환대는 크게 두 차원으로 구분된다. 하나는 난민처럼 국경 바깥으로부터 온 외국인을 수용하는 문제이고, 다른 하나는 이미 들어온 이주민과 어떻게 어울리며 살 것인가라는 문제이다. 이 연구는 전반적으로 후자에 초점을 둔다. 즉, 이주민 환대지수 작업은 대체로 사회내적 공생 역량을 측정하는 데 주안점을 두고 있다. 그렇기에 결과를 해석할 때 신중해야 한다. 예컨대 터키의 경우 내적 공생 역량은 낮을지 모르지만 어느 서구 민주주의 국가에 비해서 압도적으로 큰 규모로 외국인 피난민들을 수용하고 있다는 점에 주목한다면 환대의 실천 수준을 결코 과소평가할 수 없다.

다음으로, 현 단계의 이주민 환대지수 지표체계 구성을 더욱 정교화할 필요가 있다. 이를테면 환대 개념의 속성과 지표체계 영역 간의 유기적 연관성이라든지 영역들 간의 개념적 등가성을 높이기 위한 방안을 고민해 볼 수 있다. 또한 '환대' 개념을 적용했을 때 기존의 '사회통합' 논의와 어떤 지점에서 차별성을 갖는지를 보다 명료하게 제시할 필요가 있다. 이 외에도 환대 개념에 대해서 연구자 및 전문가 집단 내에 일정한 이해가 공유된다면 델파이 조사도 적극 고려해볼 만하다.

마지막으로, 이주민 환대지수의 활용 방식은 국가나 지역 간 측정 결과의 공표 내지는 단순 서열화 작업에 한정될 수 없다. 조사 결과를 다양한 방식으로 활용할 수 있어야 한다. 이를테면 이주민 환대지수를 국가 간 이민정치 비교 연구 대상국 선정의 근거로 활용할 수 있다. 또한 조사 대상 국가나 지역에 대한 심층분석을 위해 본 지표체계를 적용할 수도 있다. 예컨대 세 측면(대분류)이나 여섯 요소(중분류)를 분석틀로 활용하여 사례 연구나 비교 연구를 수행할 수 있다. 이 외에도 교육용 자료로 활용하는 방안도 고민해 볼 수 있다.

참고문헌

김현경. 2016. 『사람, 장소, 환대』. 서울: 문학과지성사.

문성원. 2018. "환대: 타자와 함께 하는 삶의 자세." 한양대학교 평화연구소 워크숍 발표원고 (2018년 1월 22일).

박명호. 2012. "지표 체계를 활용한 유럽과 동아시아 통합 연구." 『EU학연구』 제17권 2호, 95–122.

이문수. 2014. "행정윤리와 타자성: 행정윤리의 철학적 전제의 재검토." 『한국행정학보』 제48권 3호, 51–74.

이상원. 2018. "이기성의 끝 그리고 환대: 레비나스의 타자 개념과 경제적 존재성 이해" 『철학연구』 57집, 33–64.

정해식 · 구혜란 · 김성아. 2017. "사회통합 수준 측정에 관한 연구: 가중치 적용 방법론을 중심으로." 『보건사회연구』 제37권 4호, 370–405.

최진우. 2017. "환대의 윤리와 평화." *OUGHTOPIA* 제32권 1호, 5–27.

한준성 · 최진우. 2018. "이주민 환대지수(Hospitality Index) 지표체계 개발 연구." 『문화와정치』 제5권 1호, 5–41.

제9장

이주민 환대지수가 우리에게 말해줄 수 있는 것들

정승철

Ⅰ 들어가며

이주민 환대지수 구축의 가장 큰 의의 가운데 하나는 환대에 관한 연구를 보다 다양한 접근 방법으로 진행할 수 있게 되었다는 것이다. 그동안 환대 연구는 주로 질적 연구 방법을 사용하여 진행되어 왔지만 이제는 이주민 환대지수의 등장으로 마침내 양적 연구 방법을 사용한 연구도 더욱 활발하게 진행할 수 있게 된 것이다. 따라서 본 장에서는 앞서 4장에서 소개한 이주민 환대지수를 양적 연구 방법을 사용한 연구에 활용하는 다양한 방법을 소개하고자 한다. 이주민 환대지수를 연구에 활용할 수 있는 방법은 크게 두 가지가 있다. 첫째는 (앞서 8장에서 보여준 것처럼) 각 대상을 정한 다음에 그 수치들을 직접 비교하는 방법이다. 이는 일반 독자들도 간편하게 사용할 수 있는 이주민 환대지수 활용 방법이다. 둘째는 회귀분석(regression analysis) 모델의 변수들 가운데 하나로 사용하는 방법이다. 이는 어느 정도 양적 연구 방법과 통계학에 대한 배경 지식을 지닌 전문 연구가들이 사용할 수 있는 이주민 환대지수 활용 방법이다. 이 가운데 본 장에서는 이주민 환대지수를 종속변수와 독립변수로 사용하여 회귀분석을 하는 방법과 그 과정을 상세하게 설명하고자 한다.[1]

Ⅱ 이주민 환대지수를 연구에 활용할 수 있는 방법 소개

일단 이주민 환대지수를 사용하는 가장 쉬운 방법은 각 국가의 수치를 직접 비교함으로써 특정 시점(특정 연도)에 어느 국가의 이주민 환대지수가 더 높은가를 알아보는 것이다. 예를 들어, 2018년을 기점으로 북유럽 국가들인 노르웨이, 스웨덴, 핀란드 중 어느 국가가 더 이주민을 환대하는지를 이주민 환대지수 비교를 통해 살펴볼 수 있다. 혹은 이주민에 대한 환대수준이 상대적으로 낮을 것으로 예상되는 국가들인 터키와 멕시코 중 실제로 어느 국가가 더 이주민 환대지수가 더 낮은지 또한 수치 비교를 해볼 수 있다. 그리고 이주민 환대지수가 상대적으로 비슷한 국가들 사이에서도 수치에 미세한 차이가 나는 이유를 알아보기 위해서는 이주민 환대지수를 구성하는 세부 지표들을 세밀하게 나누어 분석함으로써 그 원인을 찾을 수 있을 것이다. 이처럼 이주민 환대지수가 제공하는 장점은 바로 국가들의 이주민 환대수준에 대한 객관적인 수치

---

[1] 본 장의 후반부에 소개될, 선형 회귀분석 모델(linear regression model)을 사용한 이주민 환대지수 활용 방법은 언급한 것처럼 양적 연구 방법과 통계학에 대한 배경 지식을 지닌 독자들을 대상으로 서술하였다는 점을 유의하기 바란다.

화를 통해 주관적인 관점에서는 환대수준이 비슷할 것으로 추측되는 국가들 사이에도 과연 누가 정말로 더 높은 환대수치를 보이는지 알 수 있다는 것이다. 이를 통해 독자와 연구자들은 본인이 예측했던 환대지수 순위와 실제 순위가 얼마나 일치하는지를 시험해 볼 수 있을 것이다.

이처럼 국가 간 이주민 환대지수 차이를 비교하는 방식 외에도, 국가들을 대륙별로 묶어서 어느 대륙에 위치한 국가들의 이주민 환대지수 평균이 전반적으로 더 높은지, 그렇다면 얼마나 더 환대하는지 그 정도를 측정하는 방법이 있다. 혹은 국가의 경제발전 수준에 따라[2] 국가들을 분류한 후 고소득 집단에 속한 국가들의 이주민 환대지수 평균이 저소득 집단에 속한 국가들의 평균보다 높은지 여부 등을 알아볼 수 있다.

이주민 환대지수를 활용하는 또 다른 방법은 국가들의 이주민 환대지수를 여러 해에 걸쳐 구축한 다음에 그래프를 이용한 시계열 분석을 시행하는 것이다. 이를 통해 우리는 시간의 흐름에 따라 국가들의 이주민 환대지수가 어떻게 변해왔는지(상승 혹은 하락), 전반적으로 국가들의 이주민 환대지수는 상승하는 경향이 있는지 하락하는 경향이 있는지를 살펴볼 수 있다. 보다 구체적으로, 특정 시점을 기점으로 특정 국가의 이주민 환대지수가 상승 혹은 하락하였다면 그 시점에 무슨 사건이 있었는지를 찾아내서 그 사건의 의의를 모색할 수 있을 것이다. 예를 들어, 도널드 트럼프가 미국 대통령이 된 시점부터 오늘날까지 미국의 이주민 환대지수가 어떻게 변해왔는지를 살펴봄으로써 2017년부터 미국은 정말로 이주민에게 폐쇄적인 국가가 되었는지를 살펴볼 수 있을 것이다.

---

2) 세계은행(World Bank)은 국가들을 1인당 국민총소득(GNI: Gross National Income) 수준에 따라 네 집단으로 분류한다: 저소득 국가(1인당 국민총소득 US$1,025 이하), 중하위 소득 국가(1인당 국민총소득 US$1,026 이상 US$3,995 이하), 중상위 소득 국가(1인당 국민총소득 US$3,996 이상 US$12,375 이하), 고소득 국가(1인당 국민총소득 US$12,376 이상). World Bank Country and Lending Groups; <https://datahelpdesk.worldbank.org/knowledgebase/articles/906519-world-bank-country-and-lending-groups> (최종 검색일: 2019/10/26).

또한, 국가 단위뿐만 아니라 세계 단위 분석도 가능하다. 특정 시점을 기점으로 여러 국가의 이주민 환대지수가 함께 상승 혹은 하락하였다면 그 시점에 벌어진 특정 사건은 이주민 환대에 있어서 전 세계적인 파장을 일으켰음을 알아낼 수 있을 것이다. 혹은 그 외에도 앞서 언급하였듯이 국가들을 대륙별 혹은 경제발전 수준별 등으로 분류하여 각 집단의 평균 이주민 환대지수가 상승하였는지 혹은 하락하였는지, 특정 집단의 평균 이주민 환대지수는 다른 집단과 비교하여 어떻게 변해왔는지를 알 수 있을 것이다. 예를 들어, 난민 위기가 유럽에서 큰 사회적 문제가 되기 시작한 2010년대 중반을 기점으로 국가들의 이주민 환대지수가 하락하기 시작하였는지를 알아봄으로써 오늘날 과연 전 세계적으로 이주민들이 국가들로부터 환대받지 못하게 되고 있는지 그 여부를 알 수 있을 것이다. 국가들을 한편으로는 대륙별로 나누어서 유럽, 아시아, 북미, 중남미, 아프리카, 오세아니아 각 지역에서는 유럽 난민 위기 발생 이후 이주민 환대지수의 평균이 연도별로 어떻게 변하고 있는지 그 경향을 비교할 수도 있을 것이다. 마지막으로, 국가들의 경제발전 수준에 따라 국가들을 나누어 유럽 난민 위기 발생 이후 고소득 국가와 저소득 국가들의 이주민 환대지수는 어떻게 변해왔는지, 이주민 환대지수 변화 추이가 다른지 등을 비교할 수 있을 것이다.

이주민 환대지수를 양적 연구 방법을 적용한 연구에 활용하는 또 다른 방식은 이를 회귀분석 모델의 종속 혹은 독립변수로 사용하는 것이다. 회귀분석 방법을 사용할 경우 우리는 국가 간 이주민 환대지수 비교 혹은 시점별로 특정 국가의 이주민 환대지수 변화 경향만을 알아보는 것 외에도 연구자가 지정한 독립변수들이 이주민 환대지수라는 종속변수에 영향을 주는지, 영향을 준다면 얼마만큼 주는지를 알 수 있다는 장점이 있다. 즉, 회귀분석을 활용하면 정치, 사회, 경제, 문화, 정책 등 어떤 요인이 국가의 이주민 환대지수가 상승하는 데 혹은 하락하는 데 영향을 주는지를 밝혀낼 수 있는 것이다. 반대로, 이주민 환대지수가 독립 변수로 사용된 경우 우리는 이주민 환대지수가 국가의 정치, 사회, 경제, 문화, 정책 등 각 분야에 긍정적 혹은 부정적인 영향을 끼치는지, 그 영향력은 얼마인지를 측정할 수 있다.

이주민 환대지수를 독립변수와 종속변수로 사용하되 이를 어떤 회귀분석 모델에 적용할 것인지 또한 크게 두 가지 방식이 있다. 하나는 특정 연도에 20~30개 혹은 그 이상 국가들의 이주민 환대지수를 모은 단면 데이터(cross-sectional data)를 사용하여 회귀분석을 행하는 방법과 한 국가의 이주민 환대지수를 20~30년 혹은 그 이상에 걸쳐 모은 시계열 데이터(time series data)를 사용하여 회귀분석을 행하는 방법이 있다. 단면데이터를 사용할 경우 (이주민 환대지수가 종속변수로 사용되었는지 독립변수로 사용되었는지 그 여부에 따라) 특정 시점에 전 세계 국가들의 이주민 환대수준에 영향을 주는 변수는 무엇인지 혹은 이주민 환대수준이 다른 변수에 어떤 영향을 주었는지를 알 수 있다. 반면에 특정 국가의 시계열 데이터를 사용할 경우 (이주민 환대지수가 종속변수로 사용되었는지 독립변수로 사용되었는지 그 여부에 따라) 연구자가 살펴보기로 한 특정 기간 동안 그 국가의 이주민 환대수준에 영향을 준 변수는 무엇인지 혹은 그 국가의 이주민 환대수준이 그 국가의 다른 변수에는 어떤 영향을 주었는지를 알 수 있다.

이처럼 이주민 환대지수를 회귀분석에 활용하는 방법은 다양하게 존재한다. 이 가운데 본 장에서는 특히 단면데이터와 선형 회귀분석을 통해 이주민 환대지수를 활용하는 방법을 보다 구체적으로 보여주고자 한다.

Ⅲ 이주민 환대지수에 회귀분석을 적용한 연구 방법

현재 이주민 환대지수에는 총 23개국이 표본으로 존재한다. 이를 대상으로 첫 회귀분석 과정에서는 어떤 인구, 경제, 정치 요인이 국가의 환대수준에 긍정적 또는 부정적 영향을 주는지를 알아보고자 한다. 또한, 국가 내 시민들의 타자에 대한 인식수준이 국가의 이주민 환대지수에 어떤 영향을 주는지도 살펴보도록 하겠다. 즉, 첫 회귀분석 모델들에서는 이주민 환대지수가 종속변수로 사용되는 연구의 예시를 제시할 것이다. 두 번째 회귀분석 과정에서는 국가의 환대수준이 국가의 경제발전 수준에 어떤 영향을 끼치는지를 살펴보도록 하겠다. 이 경우는 회귀분석 모델에서 이주민 환대지수가 독립변수로 사용되는 연구의 예시를 제시할 것이다.

1. 이주민 환대지수가 회귀분석 모델의 종속변수로 활용된 경우

우선 경제 및 인구 지표들이 이주민 환대지수에 미치는 영향부터 살펴보도록 하겠다. 일단 시민들의 생활 수준이 상대적으로 높을수록, 그리고 국가의 경제 상황이 좋을수록 이주민 환대지수는 높아질 것으로 예상된다. 보다 구체적으로, 국가의 1인당 국내총생산(GDP: Gross Domestic Product)이 높을수록 그 국가 시민들의 생활 수준은 높을 것이고 이는 삶의 여유, 만족도 증가 등으로 인해 높은 이주민 환대지수로 이어질 것으로 예상된다. 국가의 경제 성장률 또한 높을수록 시민들이 삶에 여유가 생김과 동시에 노동력의 수요 또한 올라갈 것이기 때문에 이주민 환대지수가 높아질 것으로 보인다. 반면에, 국가의 실업률은 높을수록 보다 많은 시민들이 삶의 여유를 잃음과 동시에 이주민들이 자신들의 일자리를 빼앗아 간다고 여길 수 있기에 이는 이주민 환대지수에 부정적인 영향을 줄 것으로 예상된다.

인구 요인들의 경우, 상대적으로 고령화가 진행된 국가일수록 노동력 수요를 채우기 위해 이주민을 환대할 것으로 예상된다. 하지만, 고령화된 사회일수록 반대로 전통적이고 보수적일 수 있어서 이주민 환대지수가 낮게 나올 수도 있을 것이다. 인구성장률은 낮을수록 미래에 예상되는 노동력 부족을 채우기 위해 이주민 환대지수가 높아질 수 있을 것이다. 반대로 높은 인구성장률은 공동체의 과도한 팽창에 대한 염려로 이어질 수 있고 이는 낮은 이주민 환대지수로 이어질 수 있을 것이다. 비슷한 이유로, 인구 규모가 큰 국가일수록 한정된 자원을 놓고 사람들 사이에 과도한 경쟁이 벌어질 수 있기에 이주민에 대한 이주민 환대지수가 낮을 것으로 예상된다.

다음으로 시민들의 인식 요인들을 살펴보면, 다른 종교를 가진 사람들에 대한 시민들의 신뢰도가 높을수록, 그리고 다른 국적을 가진 시민들에 대한 신뢰도 역시 높을수록 국가의 이주민 환대지수는 높게 나타날 것으로 여겨진다. 이는 국가 내 전반적으로 다른 종교 혹은 국적을 지닌 타자들에 대해 시민들이 긍정적인 인식을 하고 있을수록 그 국가는 이주민들에 대해 호의적이고 개방적인 제도 및 정치·사회·경제 구조가 갖추어져 있을 것으로 여겨지기 때문이다. 시민들이 국가 내 인권이 존중받는 정도 또한 높다고 인식할수록 그 국가의 이주민 환대지수는 높아질 것으로 보인다. 인권 존중에 대한 긍정적인 인식 및 각종 제도가 존재할수록 이는 그 국가는 자국민 외에도 이주민들의 인권이 존중받아야 한다고 여기고 이들을 포용의 대상으로 볼 것으로 여겨지기 때문이다. 마지막으로, 정치적 요인의 경우 국가의 민주화 정도(제도적으로)가 높을수록 이주민에 대한 환대 정도가 높을 것으로 예상된다. 제도적으로 발전된 민주주의 국가일수록 개인의 인권과 권리가 제도적으로 보호받음과 동시에 그 제도들이 다양성에 대해서도 관대하고 개방적일 것으로 예상되기 때문이다.

회귀분석에 사용할 변수들은 세계은행(World Bank), 세계가치관조사 (World Value Survey), 폴리티 IV(Polity IV) 등에서 선별하였다. 경제변수들의 경우 1인당 GDP,[3] 경제 성장률,[4] 실업률,[5] 65세 이상 인구비율,[6] 인구성장률,[7] 인구 규모[8] 모두 세계은행 지표(World Bank Indicators)를 사용하여 측정하였다. 시민들의 인식변수들은 세계가치관조사(World Value Survey) 6차 조사결과[9](결측치는 5차 조사결과[10] 수치로 대체) 자료를 사용하여 측정하였다.[11] 다른 종교를 가진 사람에 대한 신뢰도는 세계가치관조사 6차의 질문 106번(5차는 질문 129번)을, 다른 국적을 가진 사람에 대한 신뢰도는 세계가치관조사 6차의 질문 107번(5차는 질문 130번)을, 그리고 국가 내 인권이 존중되는 정도에 대한 인식은 세계가치관조

3) World Bank Indicators. n.d. "GDP per capita (constant 2010 US$)." https://data. worldbank.org/indicator/NY.GDP.PCAP.KD?view=chart (최종 검색일: 2019/10/14).

4) World Bank Indicators. n.d. "GDP growth (annual %)." https://data.worldbank. org/indicator/NY.GDP.MKTP.KD.ZG?view=chart (최종 검색일: 2019/10/14).

5) World Bank Indicators. n.d. "Unemployment, total (% of total labor force)." https://data.worldbank.org/indicator/SL.UEM.TOTL.ZS?view=chart (최종 검색일: 2019/10/14).

6) World Bank Indicators. n.d. "Population ages 65 and above (% of total population)." https://data.worldbank.org/indicator/SP.POP.65UP.TO.ZS?view=chart (최종 검색일: 2019/10/14).

7) World Bank Indicators. n.d. "Population growth (annual %)." https://data.world bank.org/indicator/SP.POP.GROW?view=chart (최종 검색일: 2019/10/14).

8) World Bank Indicators. n.d. "Population, total." https://data.worldbank.org/ indicator/SP.POP.TOTL?view=chart (최종 검색일: 2019/10/14).

9) World Values Survey Wave 6. 2010-2014. http://www.worldvaluessurvey. org/WVSDocumentationWV6.jsp (최종 검색일: 2019/10/15).

10) World Values Survey Wave 5. 2005-2009. http://www.worldvaluessurvey.org/ WVSDocumentationWV5.jsp (최종 검색일: 2019/10/15).

11) 이주민 환대지수(2018)와 세계은행 각국 경제 및 인구 지표들(2018)은 상대적으로 최신 자료를 사용하였다. 하지만 시민들의 인식을 측정하는 세계가치관조사 5차 자료(2005-2009)와 6차 자료(2010-2014), 그리고 각 국가의 민주주의 점수를 나타내는 폴리티 IV 자료(2015)는 이용할 수 있는 자료를 구하는 데 있어서의 한계 때문에 상대적으로 과거의 지표들을 사용할 수밖에 없었다. 따라서 <표 9-2>의 결과들을 해석하는 데 있어서는 주의가 필요하다.

사 6차의 질문 142번(5차는 질문 164번)을 사용하여 측정하였다. 국가별 다른 종교, 국적을 가진 사람들을 신뢰하는지 그 정도는 "완전히 신뢰한 다"와 "다소 신뢰한다"고 답한 응답자 비율을 합친 백분율 값(%)을 통해 측정하였다. 국가 내 인권이 존중되는 정도에 대한 인식은 "인권에 대한 매우 높은 수준의 존중이 존재한다"와 "인권에 대한 상당한 수준의 존중 이 존재한다"고 답한 응답자 비율을 합친 백분율 값(%)을 통해 측정하였 다. 정치변수는 각 국가의 (제도적) 민주화 정도를 나타내주는 폴리티 IV(Polity IV) 자료를 사용하여 측정하였다.[12] 마지막으로, 앞서 4장에서 소개된 이주민 환대지수가 회귀분석 모델들의 종속변수로 사용되었다.

언급된 변수들에 대한 요약 정보는 <표 9−1>에 나온 결과와 같다.

| 표 9−1 | 변수들 요약 정보

변수	국가 수	평균	표준 편차	최소값	최대값
이주민 환대지수 (0~1.000)	23	0.577	0.120	0.35	0.738
1인당 GDP (단위: $1,000)	23	39.688	20.535	9.311	82.839
경제 성장률 (단위: %)	23	2.616	1.198	0.788	5.149
실업률 (단위: %)	23	5.866	3.089	2.445	15.487
65세 이상 인구비율 (단위: %)	23	17.790	4.519	7.078	27.475
인구성장률 (단위: %)	23	0.630	0.627	−0.203	1.893
인구 규모 (log)	23	17.013	1.4133	14.094	19.606
다른 종교를 가진 사람에 대한 신뢰도 (0~100%)	23	51.578	17.566	24.6	77.9
다른 국적을 가진 사람에 대한 신뢰도 (0~100%)	22	52.523	20.079	13.6	83.5
국가 내 인권이 존중되는 정도에 대한 인식 (0~100%)	21	66.862	17.442	32.1	92.7
국가 민주주의 점수 (−10~10)	23	9.696	0.635	8	10

12) Marshall, Monty G. and Ted R Gurr. n.d. "Polity IV Individual Country Regime Trends, 1946−2013." https://www.systemicpeace.org/polity/polity4.htm (최종 검색일: 2019/10/15).

회귀분석을 위해서는 STATA 15.0 버전을 사용하였으며 종속변수의 값이 0에서 1.00 사이에 형성된다는 특성에 따라 선형 회귀분석 모델(linear regression model)들을 활용하였다. 계수(coefficient)들은 양수(+)이면 독립변수의 값이 증가함에 따라 이주민 환대지수가 높아짐을, 계수들이 음수(-)이면 독립변수의 값이 증가함에 따라 이주민 환대지수가 낮아짐을 의미한다. 또한, 단위가 다른 독립변수들 가운데서 어느 독립변수가 종속변수에 가장 큰 영향력을 끼치는지를 비교하기 위해 계수와 더불어 표준화 회귀계수(standardized regression coefficient)들을 함께 표기하도록 하겠다. 마지막으로, 회귀분석 결과에 따른 각 독립변수의 계수는 모두 "다른 모든 조건이 같다면(ceteris paribus)"이라고 가정하고 해석할 것이다. 즉, 해당 독립변수와 종속변수와의 상관관계는 다른 모든 변수는 통제(control)되고 있다고 가정하는 것이다.

우선 <표 9-2>에 나온 경제·인구 요인들과 이주민 환대지수 사이의 상관관계를 살펴보면, 1인당 GDP가 1,000달러 상승하면 이주민 환대지수는 0.003 올라가는 효과가 있는 것으로 나타났다(p<0.01). 이는 시민들의 생활 수준이 높아질수록 이주민에 대한 환대수준이 높아짐을 의미한다. 인구성장률의 경우 1% 상승하면 이주민 환대지수는 0.064 높아지는 효과가 있었다(p<0.05). 앞서 언급한 분석 전 예측에 따르면 인구성장률은 낮아질수록 이주민 환대지수가 높고 인구성장률이 높아질수록 이주민 환대지수는 낮아질 것으로 예상하였다. 하지만 <표 9-2>에는 앞선 예측과는 정반대의 결과가 나왔으므로 이러한 결과를 어떻게 설명할 수 있을 것인지에 대한 심층분석이 필요할 것으로 보인다. 국가 인구의 경우, 그 규모가 1% 상승하면 이주민 환대지수는 0.021 감소하는 효과가 있는 것으로 드러났다(p<0.1). 즉, 인구 규모가 큰 국가일수록 이주민에 대한 환대수준은 낮음을 의미한다. 이는 앞서 언급하였듯이 이미 총인구수가 큰 국가일수록 이주민 수가 늘어남에 따라 국가 내 거

주민 간에 자원경쟁이 심해질 것이라고 염려하기 때문으로 볼 수도 있을 것이다. 경제·인구 모델의 결과를 요약하자면, 1인당 GDP와 인구성장률의 상승, 전체 인구 규모의 하락은 국가의 이주민 환대수준에 긍정적인 효과가 있는 것으로 드러났다.

| 표 9-2 | 이주민 환대지수를 종속변수로 사용한 선형 회귀분석 결과

변수	경제 · 인구 모델		인식 · 정치 모델	
	계수	표준화 회귀계수	계수	표준화 회귀계수
1인당 GDP (단위: $1,000)	0.003*** (0.001)	0.586***		
경제 성장률 (단위: %)	0.004 (0.016)	0.040		
실업률 (단위: %)	0.009 (0.006)	0.231		
65세 이상 인구비율 (단위: %)	0.011 (0.007)	0.409		
인구성장률 (단위: %)	0.064** (0.024)	0.334**		
인구 규모 (log)	−0.021* (0.011)	−0.251*		
다른 종교를 가진 사람에 대한 신뢰도 (0~100%)			−0.006*** (0.002)	−0.880***
다른 국적을 가진 사람에 대한 신뢰도 (0~100%)			0.006*** (0.002)	0.886***
국가 내 인권이 존중되는 정도에 대한 인식 (0~100%)			0.004*** (0.001)	0.527***
국가 민주주의 점수 (−10~10)			0.105*** (0.027)	0.546***
상수	0.506* (0.260)		−0.659** (0.248)	
국가 수	23		20[13]	
R−squared	0.758		0.752	

※ 괄호 안에는 Robust Standard Errors *** $p < 0.01$, ** $p < 0.05$, * $p < 0.1$

---

13) 다른 국적을 가진 사람에 대한 신뢰도의 경우 뉴질랜드, 국가 내 인권이 존중되는 정도에 대한 인식의 경우 프랑스와 영국에 대한 정보를 찾을 수 없었기 때문에 인식·정치 모델의 경우 20개국만이 포함되었다.

이처럼 종속변수와 유의미한 상관관계를 보인 독립변수들 가운데는 1인당 GDP의 영향력이 가장 큰 것으로 드러났다. 1인당 GDP의 경우 1 표준편차 증가 시 국가의 이주민 환대지수는 0.586 표준편차 증가하는 효과가 있었다(<표 9-1>에 나오듯이 이주민 환대지수의 1 표준편차는 0.120이다. 따라서 0.586 표준편차 증가는 이주민 환대지수 0.07 증가의 효과가 있음을 의미한다). 반면에 1 표준편차 증가 시 이주민 환대지수에 미치는 효과는 인구성장률의 경우 0.334 표준편차 상승(이주민 환대지수 0.04 상승), 인구 규모(log)의 경우 0.251 표준편차 하락(이주민 환대지수 0.03 하락)으로 각각 1인당 GDP보다 그 영향력이 작았다.

한편, 위에 언급한 독립변수들 외에 경제 성장률, 실업률, 65세 이상 인구비율은 앞서 언급한 예상 효과와는 달리 종속변수인 이주민 환대지수에 유의미한 상관관계를 보이지 않는 것으로 나타났다.

<표 9-2>의 인식·정치 모델 결과들을 살펴보면, 다른 종교를 가진 사람에 대한 신뢰도가 1% 증가하면 이주민 환대지수가 0.006 감소하는 효과가 있었다($p < 0.01$)(즉, 다른 종교를 가진 사람에 대한 신뢰도가 10%가 증가하면 이주민 환대지수가 0.06 감소하는 효과가 있는 것이다). 다른 국적을 가진 사람에 대한 신뢰도의 경우 1% 증가하면 이주민 환대지수가 0.006 증가하는 효과가 있었다($p < 0.01$). 국가 내 인권이 존중되는 정도에 대한 인식은 1% 상승하면 이주민 환대지수는 0.004 증가하는 효과가 있는 것으로 나타났다($p < 0.01$). 보다 많은 시민들이 다른 국적을 가진 사람들을 신뢰하고 국가 내 인권이 존중받는다고 여길수록 이주민을 환대한다는 결과는 앞서 언급한 예측과 일치하였다. 하지만 다른 종교를 가진 사람에 대한 신뢰도의 경우 예측과 반대의 결과(이주민 환대지수 감소 효과)가 나왔다는 점에서 이러한 결과가 나오게 된 원인에 관해 심층연구가 필요할 것으로 보인다. 마지막으로, 국가의 민주주의 발전 수준이 1점 상승하면 이주민 환대지수가 0.105 증가하는 효과가 있는 것으로 드러났

다(p<0.01). 이 결과는 국가의 민주주의 수준 발전이 그 국가 국민의 이주민 환대수준에 긍정적인 영향을 미침을 의미한다고 볼 수 있다. 따라서, 인식·정치 모델 결과를 요약하자면, 시민들 사이에 다른 종교를 가진 사람에 대한 신뢰도 증가는 국가의 이주민 환대수준에 부정적인 영향을 끼친다고 볼 수 있다. 반대로 다른 국적을 가진 사람에 대한 신뢰도 상승, 국가 내 인권이 존중받는다는 인식 상승, 그 국가의 민주주의 발전 수준 상승은 국가의 이주민 환대수준에 긍정적인 영향을 끼친다고 볼 수 있다.

이 모델에서 살펴본 독립변수들 가운데는 다른 종교를 가진 사람에 대한 신뢰도와 다른 국적을 가진 사람에 대한 신뢰도 변수들이 나머지 두 변수보다 종속변수에 더 큰 영향력을 끼치는 것으로 드러났다. 표준화 회귀계수를 살펴보면, 다른 종교를 가진 사람에 대한 신뢰도 변수는 1 표준편차 증가 시 이주민 환대지수가 0.880 표준편차 하락(이주민 환대지수 0.1056 하락), 다른 국적을 가진 사람에 대한 신뢰도 변수는 1 표준편차 증가 시 이주민 환대지수가 0.886 표준편차 증가(이주민 환대지수 0.1063 상승)하는 효과가 있었다. 반면에 1 표준편차 증가 시 이주민 환대지수에 미치는 효과는 국가 내 인권이 존중되는 정도에 대한 인식 변수와 국가 민주주의 점수 변수 각각 0.527 표준편차(이주민 환대지수 0.063)와 0.546 표준편차(이주민 환대지수 0.066) 상승으로 앞서 언급한 두 변수 보다 그 영향력이 작았다.

특히, 시민들 사이에 다른 종교를 가진 사람에 대한 신뢰도가 증가하면 이는 이주민 환대수준을 감소시키는 효과가 있다는 결과는 앞서 예상했던 것과는 반대의 결과이므로 그 원인에 대해서는 연구자의 심층분석이 필요할 것으로 여겨진다. 즉, 이와 관련된 선행연구 결과들을 검토하거나 통계 분석 모델의 적합성(표본의 문제 혹은 통제하지 못한 변수의 존재 등)을 재검토하거나 질적 연구 방법을 통해 다른 종교를 가진 사람에 대한 신뢰도와 이주민에 대한 환대 사이의 관련성을 조사하는 등 다양한 방법을 통해 위와 같은 결론이 나오게 된 그 이유를 탐색해 볼 수 있을 것이다.

<표 9-2>에 나온 결과들을 종합해보면 국가의 1인당 GDP, 인구 성장률, 민주주의 발전 정도, 그리고 시민들 사이에 다른 국적을 가진 사람에 대한 신뢰도, 국가 내 인권이 존중되는 정도에 대한 긍정적인 인식이 상승할수록 국가의 이주민 환대지수에 긍정적인 영향을 끼치는 것으로 나타났다. 반면에 국가의 인구 규모와 시민들 사이에 다른 종교를 가진 사람들에 대한 신뢰도는 상승할수록 이주민 환대지수에 부정적인 영향을 끼쳤다. 이러한 회귀분석 결과들을 바탕으로 우리는 국가의 이주민 환대지수가 높아지기 위해서는 어떤 요인을 높아지고 어떤 요인은 낮아져야 하는지에 대한 정책적 함의를 가진 정보를 얻게 되었다고 볼 수 있다.

2. 이주민 환대지수가 회귀분석 모델의 독립변수로 활용된 경우

<표 9-3>은 이주민 환대지수를 독립변수로 사용한 회귀분석 모델의 예시를 나타내고 있다. 이 표에 나온 이주민 환대지수와 1인당 GDP 사이의 상관관계를 살펴보면, 국가의 이주민 환대지수가 0.1 상승할 경우 국가의 1인당 GDP는 12,800달러 상승하는 효과가 있었다($p < 0.01$). 달리 표현하면, 이주민 환대지수가 1 표준편차 증가 시 국가의 1인당 GDP는 0.751 표준편차 상승하는 효과가 있다는 것이다(<표 9-1>에 나와 있듯이 1인당 GDP 변수의 1 표준편차는 20.535이다. 따라서 0.751 표준편차는 15.42를 나타내는데 1인당 GDP 변수의 단위가 1,000달러이므로 이는 15,420달러를 의미한다. 즉, 이 변수의 결과는 이주민 환대지수가 1 표준편차 증가 시 국가의 1인당 GDP는 15,420달러 상승하는 효과가 있다는 것을 의미한다). 이는 국가의 이주민 환대수준 상승이 그 국가의 경제발전 수준에 긍정

적인 영향을 끼친다는 것을 의미한다. 이에 대한 가능한 해석 가운데 하나는 이주민을 받아들이고 그들이 국가 내에서 각종 정치, 경제, 사회, 문화적 차별을 받지 않을수록 사회구성원 모두가 자신들의 재능과 잠재력을 최대한 발휘할 수 있게 되고 이는 사회 및 국가의 긍정적인 발전으로 이어질 수 있기 때문일 것이다. 즉, 이주민에 대한 환대는 동시에 그 국가로의 두뇌 유입으로 이어지고 이는 뛰어난 인재들 간의 치열한 경쟁을 통해 국가의 경제발전으로도 이어진다는 것이다.

| 표 9-3 | 이주민 환대지수를 독립변수로 사용한 선형 회귀분석 결과

변수	계수 (종속변수: 1인당 GDP)	표준화 회귀계수
이주민 환대지수	128.4*** (31.46)	0.751***
경제 성장률 (단위: %)	−4.338 (3.490)	−0.253
실업률 (단위: %)	−2.005** (0.700)	−0.302**
65세 이상 인구비율 (단위: %)	−0.224 (1.138)	−0.049
인구성장률 (단위: %)	−1.005 (6.517)	−0.031
인구 규모 (log)	1.133 (3.531)	0.078
상수	−25.91 (81.88)	
국가 수	23	
R−squared	0.690	

※ 괄호 안에는 Robust Standard Errors *** $p < 0.01$, ** $p < 0.05$, * $p < 0.1$

Ⅳ 나가며

본 장에서는 앞서 소개한 이주민 환대지수를 연구에 활용하는 방안 가운데 하나를 소개하였다. 특히, 이주민 환대지수가 종속변수로 사용된 회귀분석을 통해 어떤 독립변수가 국가의 이주민 환대지수에 영향을 주는지, 그리고 이주민 환대지수가 독립변수로 사용된 회귀분석을 통해 국가의 환대수준이 국가의 경제발전 수준에는 어떤 영향을 주는지를 살펴보았다. 이처럼 연구자는 자신의 연구주제에 따라 검증하고자 하는 가설에 맞게 이주민 환대지수를 독립변수 혹은 종속변수로 선택해서 회귀분석 모델에 이용할 수 있다. 특히 이주민 환대지수를 종속변수로 이용할 경우 독립변수들을 본인의 연구주제에 맞춰서 정치, 경제, 문화별로 묶어서 어느 항목의 변수들이 이주민 환대지수에 가장 긍정적인 (혹은 부정적인) 영향을 끼치는지를 비교 분석할 수 있다. 또는, 독립변수들을 국가 정책과 시민의식으로 나누어서 국가의 이주민 환대수준은 어느 분야와 더 큰 상관관계가 있는지에 관한 연구도 진행할 수 있을 것이다. 보다 구체적으로, 회귀분석을 통해 국가의 이주민 환대수준은 국가(정부)가 이주민을 향해 어떤 정책을 시행하는지에 따라 영향을 받는지 아니면 시민들이 이주민을 바라보는 인식에 더 큰 영향을 받는지를 알아볼 수 있는 것이다(혹은 국가정책과 시민의식 둘 다 국가의 이주민 환대수준에 긍정적인 영향을 끼치는 것으로 나타날 수도 있을 것이다).

다만, <표 9-2>와 <표 9-3>의 결과들을 해석하는 데 있어서 주의할 점은 표본에 있는 23개국이 전 세계 모든 국가를 대표하지는 않는다는 것이다. 일단 23개국의 대륙별 분포를 보면 유럽이 14개국(서유럽 5개국, 북유럽 4개국, 동유럽 3개국, 남유럽 2개국), 북중미 3개국, 아시아 2개국, 오세아니아 2개국, 중동 1개국, 남미 1개국으로 다른 대륙들에 비해 유럽이 과도하게 대표되었다고 볼 수 있다.[14] 반면에 다른 대륙들을 대표하는 국가들은 대륙별로 1~3개국뿐인데 이들이 각 대륙 전체를 대표한다고 보기에는 그 수가 부족하다. 이는 이주민 환대지수를 측정하기 위한 각종 지표를 구하는 과정에서의 어려움으로 인해 경제개발협력기구(OECD: Organization for Economic Cooperation and Development) 회원국들만을 대상으로 이주민 환대지수를 측정하였기 때문이다. 경제개발협력기구의 총회원국 수는 2019년부로 36개국인데 이 가운데 유럽 국가는 총 26개국으로[15] 이들이 과반을 차지한다. 따라서 경제개발협력기구 회원국들을 대상으로 측정한 이주민 환대지수 표본에 유럽 국가가 과도하게 대표된 것은 우연이 아니라고 볼 수 있다.

이처럼 이주민 환대지수가 측정된 23개국이 실제 대륙별 국가들의 분포를 반영하지는 못한다는 점에서 이 표본은 대표성이 결여되었다고 볼 수 있다. 따라서 아직까지는 이주민 환대지수를 회귀분석의 변수들 가운데 하나로 사용하는 데는 한계가 있다고 볼 수 있다. 이러한 약점을 보완하기 위해서는 보다 많은 국가들의 이주민 환대지수를 측정하여 표본 크기를 늘림과 동시에 보다 많은 비유럽 국가들의 이주민 환대지수를 측정하여 표본의 대표성을 확보해야 할 것이다.[16] 그렇게 된다면 본장에서 제시한 이주민 환대지수 활용법을 다양한 연구에 활용하는 한편 보다 의미 있는 결과들을 도출해 낼 수 있게 될 것이다.

앞서 언급하였듯이 이주민 환대지수 개발의 가장 큰 의의 가운데 하나는 이를 통해 양적 연구 방법을 사용한 환대 연구를 보다 활발하게 진

---

14) 이주민 환대지수 표본에 포함된 국가들의 목록은 8장을 참고바람.
15) 경제개발협력기구 국가들 가운데 오스트리아, 벨기에, 체코, 덴마크, 그리스, 아이슬란드, 아일랜드, 라트비아, 리투아니아, 룩셈부르크, 포르투갈, 슬로바키아는 각종 지표에서 결측값들이 다수 존재하여 이주민 환대지수를 측정하지 못함.
16) 물론 비유럽 국가들은 유럽 국가들과 달리 이주민 환대지수 구성에 필요한 다양한 지표들을 찾기가 어려운 관계로 현실적인 문제는 아직 존재한다.

행할 수 있게 되었다는 것이다. 이는 환대 연구에 있어서 접근 방법의 다양화를 촉진시켰다는 점에서 긍정적인 효과가 있었다고 볼 수 있다. 다만 이주민 환대지수의 표본에 포함된 국가의 수를 증가시켜 양적 연구 방법을 사용한 연구물들의 결과들이 더욱 견고해질 수 있도록 지원하는 것이 이주민 환대지수 사업의 과제로 남아있다고 볼 수 있다.

참고문헌

Marshall, Monty G. and Ted R Gurr. n.d. "Polity IV Individual Country Regime Trends, 1946–2013." https://www.systemicpeace.org/polity/polity4.htm (최종 검색일: 2019/10/15).

World Bank Country and Lending Groups https://datahelpdesk.worldbank.org/knowledgebase/articles/906519−world−bank−country−and−lending−groups (최종 검색일: 2019/10/26).

World Bank Indicators. n.d. "GDP per capita (constant 2010 US$)." https://data.worldbank.org/indicator/NY.GDP.PCAP.KD?view=chart (최종 검색일: 2019/10/14).

World Bank Indicators. n.d. "GDP growth (annual %)." https://data.worldbank.org/indicator/NY.GDP.MKTP.KD.ZG?view=chart (최종 검색일: 2019/10/14).

World Bank Indicators. n.d. "Unemployment, total (% of total labor force)." https://data.worldbank.org/indicator/SL.UEM.TOTL.ZS?view=chart (최종 검색일: 2019/10/14).

World Bank Indicators. n.d. "Population ages 65 and above (% of total population)." https://data.worldbank.org/indicator/SP.POP.65UP.TO.ZS?view=chart (최종 검색일: 2019/10/14).

World Bank Indicators. n.d. "Population growth (annual %)." https://data.worldbank.org/indicator/SP.POP.GROW?view=chart (최종 검색일: 2019/10/14).

World Bank Indicators. n.d. "Population, total." https://data.worldbank.org/indicator/SP.POP.TOTL?view=chart (최종 검색일: 2019/10/14).

World Values Survey Wave 6. 2010–2014. http://www.worldvaluessurvey.org/WVSDocumentationWV6.jsp (최종 검색일: 2019/10/14).

World Values Survey Wave 5. 2005–2009. http://www.worldvaluessurvey.org/WVSDocumentationWV5.jsp (최종 검색일: 2019/10/14).

공저자 약력

최 진 우

한양대학교 정치외교학과 교수
한양대학교 평화연구소 소장
(前) 한국정치학회 회장
(前) 한국유럽학회 회장
미국 워싱턴 대학교(University of Washington) 정치학 박사

전공 분야: 국제정치, 유럽정치, 비교정치

대표 논저: "What Kind of Power is the EU? The EU's Policies toward North Korea's WMD Programs and the Debate about EU's Role in the Security Arena"(2019, 공저), 「평화의 과정: 보스니아 평화협정, 사라예보에서 데이튼까지」(2019, 공저), 「지역의 선택: 우크라이나와 몰도바의 국내정치와 지역무역협정 정책」(2018, 공저), 「하니문의 동학(動學)과 구조의 정학(靜學): 문재인정부의 외교정책, 변화와 연속성」(2018), 『다양성의 시대, 환대를 말하다: 이론, 제도, 실천』(2018, 책임편저), 『호모 쿨투랄리스, 문화적 인간과 인간적 문화』(2018, 책임편저)

김 새 미

한양대학교 평화연구소 연구교수
이화여자대학교 지역학 박사

전공 분야: 유럽문화정책, 문화도시, 국제문화교류, 문화외교

대표 논저: 「신지역주의 관점에서 본 EU−동아시아 문화교류」(2019), 「문화예술 매개로 한 난민에 대한 환대 가능성」(2019), 「외교대상(target)과 실행체계를 중심으로 본 문화외교의 쟁점과 추이」(2018), 「도시재생에서 나타난 문화접근법의 대안: 시민성 회복으로서의 문화 공간」(2018), 『박물관, 미술관에서 보는 유럽사』(2018, 공저), 『지역협력의 조건: 초기 유럽통합의 재고찰과 동북아시아에의 함의』(2015, 공저)

모 춘 흥

한양대학교 평화연구소 연구교수

한양대학교 정치학 박사

전공 분야: 북한정치, 남북관계, 북한사회문화, 통일인문학

대표 논저: 「탈북민에 대한 '환대' 가능성 탐색」(2019, 공저), 「타자와의 조우: 북한이탈주
민의 존재성과 분단체제의 현실 이해」(2019, 공저), 「규범세력(normative
power)으로서의 유럽연합(EU)의 對」, 「북한 인권정책」(2018, 공저), 「영화
<그물>을 통해서 본 '분단체제론'에 대한 비판적 고찰」(2017)

이 상 원

한양대학교 평화연구소 연구교수

미국 클레어몬트 대학원(Claremont Graduate University) 정치학 박사

전공 분야: 정치철학

대표 논저: 「진리 경험의 역동성과 긴장성: 하이데거의 『파르메니데스』에 나타난 플라
톤 해석의 정치적 함의」(2019), "Ambiguous Force of Hospitality: The
Problem of Being in Derrida's Thoughts on Otherness, Law and
Language"(2019), 「이기성의 끝 그리고 환대: 레비나스의 타자개념과 경제적
존재성 이해」(2018), 「데리다의 환대 개념의 정치적 긴장성: 고대정치철학적
해석과 사유를 중심으로」(2017), "The Dynamic Association of Being and
Non–Being: Heidegger's Thoughts on Plato's Sophist beyond Platonism"(2016)

이 지 연

한양대학교 평화연구소 연구교수

연세대학교 사회학 박사

전공 분야: 젠더사회학, 정치사회학, 통치성, 탈북민, 이주, 트랜스내셔널리즘

대표 논저: 「탈북민의 북한 가족 송금의 수행성과 분단 통치성」(2019), 「탈북 여성의 모성
과 소속의 정치학」(2018), 「식민지 시기 근대 과학적 지식으로서 가정학의 형
성」(2016, 공저), 「산업화 시기 한국 국가의 인력양성 정책과 젠더 불평등:
1970년대 실업교육 정책과 기술 담론을 중심으로」(2015)

정 승 철

제주평화연구원 연구위원

미국 플로리다 대학교(University of Florida) 정치학 박사

전공 분야: 국제정치, 국제정치경제, 동아시아

대표 논저: 「안보화, 인간안보, 그리고 한국: 한국인들이 일상에서 느끼는 위협에 대한 경
험적 연구」(2019), "Effects of International Trade on East and Southeast
Asians' Views of China"(2019), "Economic Interest or Security Concerns?
Which Affected How Individuals in Five Asian Countries Viewed China
in 2013?"(2017), "Effects of Trade Relations on South Korean Views of
China"(2015)

한 준 성

한양대학교 평화연구소 연구교수

서울대학교 정치학 박사

전공 분야: 이민정치, 비교정치, 국제정치

대표 논저: 「난민 위기와 지역 협력: 아프리카의 1969년 OAU 협약」(2019), 「이주민 환대
지수(Hospitality Index) 지표체계 개발 연구」(2018), 「유럽 이주민 통합 정책
의 주류화: 덴마크 사례를 중심으로」(2017), 「한국 이주노동레짐의 형성과 권
리 결핍」(2017), 「다문화주의 논쟁: 브라이언 배리와 윌 킴리카의 비교를 중심
으로」(2010)

이 저서는 2016년 대한민국 교육부와 한국연구재단의 지원을 받아 수행된 연구임
(NRF－2016S1A3A2923970)

환대: 평화의 조건, 공생의 길

초판발행   2020년 5월 20일

엮은이   최진우
펴낸이   안종만 · 안상준

편 집   조보나
기획/마케팅   오치웅
표지디자인   박현정
제 작   우인도 · 고철민

펴낸곳   (주) **박영사**
          서울특별시 종로구 새문안로3길 36, 1601
          등록 1959. 3. 11. 제300-1959-1호(倫)
전 화   02)733-6771
f a x   02)736-4818
e-mail   pys@pybook.co.kr
homepage   www.pybook.co.kr
ISBN   979-11-303-0982-8   93340

정 가   15,000원